中华先贤人物故事汇

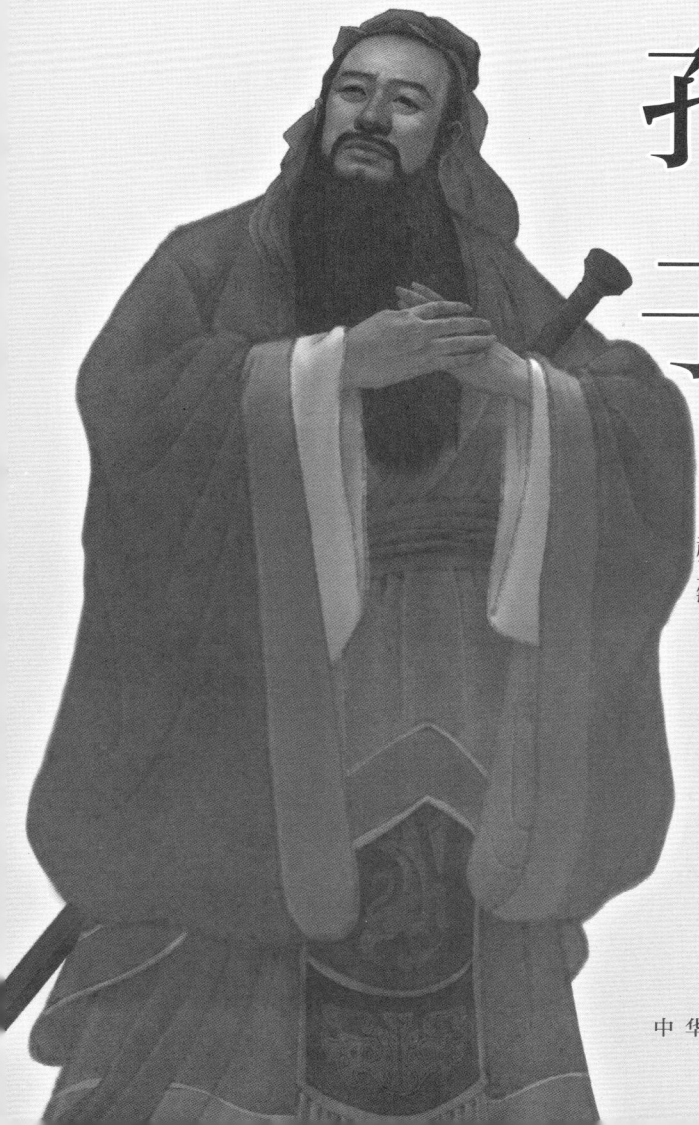

孔 子

赵玉敏 著

中华书局

图书在版编目（CIP）数据

孔子/赵玉敏著. —北京：中华书局，2022.8（2024.11重印）
（中华先贤人物故事汇）
ISBN 978-7-101-15656-0

Ⅰ.孔… Ⅱ.赵… Ⅲ.孔丘（前551~前479）-生平事迹
Ⅳ.B222.2

中国版本图书馆 CIP 数据核字（2022）第 038850 号

书　　名　孔　子
著　　者　赵玉敏
丛 书 名　中华先贤人物故事汇
责任编辑　董邦冠
美术总监　张　旺
封面绘画　冯　戈
责任印制　管　斌
出版发行　中华书局
　　　　　（北京市丰台区太平桥西里 38 号　100073）
　　　　　http://www.zhbc.com.cn
　　　　　E-mail:zhbc@zhbc.com.cn
印　　刷　三河市宏达印刷有限公司
版　　次　2022 年 8 月第 1 版
　　　　　2024 年 11 月第 7 次印刷
规　　格　开本/787×1092 毫米　1/32
　　　　　印张5¼　插页2　字数50 千字
印　　数　16001-18000 册
国际书号　ISBN 978-7-101-15656-0
定　　价　22.00 元

出版说明

　　孔子周游列国，创立儒家学说；张骞出使西域，开辟丝绸之路；书圣王羲之，留下了曲水流觞的佳话；诗仙李白，写下了"举头望明月，低头思故乡"的名篇；王安石为纠正时弊，推行变法；李时珍广集博采，躬亲实践，编撰医药学名著《本草纲目》……

　　这些杰出的历史人物，有的是在中华民族文明进程中做出过突出贡献、对后世产生过巨大影响的思想家、政治家，有的是对中华优秀传统文化的传承传播发挥过重大作用的文学家、艺术家、科学家，有的是为国家安定统一、民族融合团结和中外文化交流做出过杰出贡献的军事家、外交家……他们为中华民族的繁荣发展做出了伟大的贡献，他们的行为事迹、风范品格为当世楷模，并垂范后世。

他们是中华民族的先贤人物。他们的思想、品德、事迹，是中华优秀传统文化的结晶；他们的故事，是对中华民族的禀赋、特点和气质最生动、最鲜活的阐释；他们的名字，在五千年中华文明史上最为光彩夺目；他们为五千年中华文明史书写了最为光辉灿烂的篇章。

为了解先贤，走近先贤，我们精心组织编写了这套《中华先贤人物故事汇》丛书，以翔实可靠的史料为依据，细腻动人的故事为载体，真实地呈现中华先贤人物的事迹、品格和精神风貌，彰显他们的贡献和功绩，激发人们对国家民族的热爱，对中华文明、中华优秀传统文化的崇敬。

开卷有益，期待这套丛书成为你的良师益友。

目 录

导 读

公元前800年至公元前200年的600年时间，被德国哲学家雅斯贝斯称为"轴心时代"。这的确是段非常奇妙的时期，在北纬30度左右的古希腊、古印度、以色列和中国，人类的思想和智慧几乎同时发出了烛照古今的耀眼光芒。

孔子便是一位诞生在轴心时代的先哲，礼崩乐坏是人们对他出生的春秋时代政治文化现实的形象概括。礼乐文化发轫于夏、商，至西周经周公的整合而灿然大备。孔子虽是商人的后裔，但经过对夏、商、周文化的实地考察与对比，最终被"郁郁乎文哉"的周文化所折服，从而"知其不可为而为之"，毕生都在为改变春秋时代"礼乐征伐自诸侯出""陪臣执国命"的社会现实而忧虑奔波。学而不厌如是，诲人不倦如是，执政于鲁如是，周游列国亦如是。

但我们却不能因此就认为孔子是一位机械的复古者。孔子在开门授徒以《诗》《书》《礼》《乐》为教的过程中，以"仁"释礼、援"仁"入乐，以仁心为根源建立礼乐的内在实质意义，从而为东周时期已徒具虚文的西周礼乐，注入了新的时代精神。"仁"所承载的作为人类个体皆可拥有的人性内涵，使礼乐的修习不再是贵族特有的专利，而是变成了社会公器，贵族、平民皆可学习践行。对中国文化而言，这是承前启后的一大开创。它不仅复活了西周礼乐文化的精神，使礼乐从上下尊卑的行政规定变成人的内在修养，而且也确立了人性的尊严：每一个平凡的生命，都可以凭借个人的努力，达到"我欲仁，斯仁至矣"的理想境界。

著名历史学家柳诒徵这样概括孔子对中国文化的意义："孔子者，中国文化之中心也，无孔子则无中国文化。自孔子以前数千年之文化，赖孔子而传，自孔子以后数千年之文化，赖孔子而开。"而你可能想不到的是，这位对中国文化做出如此之大贡献，后来被供奉在孔庙之中受万人仰视的圣人的一生，其实和所有的普通人一样，既有着日常生活的艰辛，也有着求索理想的困惑；既有着怀才不遇的痛苦，也有着得育英才的喜悦。

圣人出世

公元前551年夏历八月二十七（公历9月28日），仲秋时节，鲁国昌平县陬邑小城一年中最为温暖适意的时候。一个男人此时正在城楼上向西南眺望——视野尽处，尼丘山起起伏伏，苍翠的树木与矗立的巨石，显出苍茫挺拔的轮廓。山脚之下平铺着一望无际的草地，农田和丛林错落其间，清澈的沂水恰如这片绿毯上一条银色的飘带，蜿蜒曲折，仿佛一个鲜活的生命，有无尽的思想和智慧从这里流过。河岸两边的野花似乎在奋力争香斗艳，引得蜂蝶往返嬉戏，目之所及，到处充满了诗情画意。忽然，一名士卒匆匆跑上了城楼，看着他急促的步伐和表情，刚刚还沉浸在恬静中的男人不禁心中一动：莫非徵在？想到此，他急忙朝士卒的方向迎去，并刻意地仰望了一下天空中的太阳，仿佛是为了记住这个重要的时刻。

这个男人就是叔梁纥，纥是他的名，叔梁是他的字。春秋时代的贵族都有姓有氏，姓用来标明始祖出处，氏的作用则相当于现在印在名片上的部长、处长、主任等职务，让人一听一看，便知晓该人不同于平民的身份和地位。叔梁纥姓子，氏孔，若依今天的习惯应该叫他子纥，但在春秋时代，贵族经常称字，有时也会名和字连叫，所以我们就依据史书的记载仍然叫他叔梁纥。叔梁纥身材高大魁伟，虽然须发有些花白，但矫健的步伐以及粗壮的臂膀，仍然依稀可见曾经孔武有力的风范。只见他几步奔到士卒面前，压低声音问道："是不是我家？"士卒两手扶着膝盖，早已喘得说不出话，只是把头点得如同小鸡啄米一般。叔梁纥来不及道谢，顺手拍了拍对方的肩膀，立时向家的方向狂奔而去。留下那个士卒，龇牙咧嘴地抚摸着被他的大手触及的地方，痛苦地嘟囔道："就您这手劲，小的可真是受用不了，痛死人了！跟您说多少次了，总是记不住!"

推开院门的叔梁纥,立刻听到西侧的堂屋传出妻子痛苦的呻吟声,老仆人慌忙跑过来,一边接过他手中的佩剑,一边说:"夫人大约一个时辰前就进入了产室,全都准备好了,您尽管宽心!"叔梁纥点了点头,对于他这个已经迎接过九女一子的老父亲来说,眼前这番分娩景象的确是他非常熟悉的,他完全可以回房静待结果,不过他那双紧握的拳头却老老实实地暴露了心里的紧张。略一踌躇,他转身向家庙走去。

家庙位于孔宅的东侧,是一个独立的院落。推开院门,刚巧一阵风吹过,几片似被孩子们玩过的树叶飘过叔梁纥的头顶,划出轻盈的曲线,仿佛要做他的向导。跪在神案前面,他的脑海中不觉浮现起与妻子去尼丘山求子时的画面。那一天风和日丽,夫妇俩在林涛窸窣、山风清唱中虔诚地做完了祈祷,睁开眼睛的一刹那,新婚的妻子美目流转,望着他特别笃定地说:"我觉得良人这次一定会得偿所愿的。"叔梁纥听得感动,拉起妻子的手说:"相信孔氏先祖也会福佑我们的。只是这样一来,恐怕你就要受苦了!"

叔梁纥的妻子姓颜,名叫徵在,家住在尼山脚下,与陬邑距离不远。成婚之前,二人虽然从未谋面,但徵在却从父兄的口中,得知他是一位在战场上孔武有力、临危不惧的大英雄。父亲说叔梁纥立过两次战功,一次在鲁襄公十年(前563),鲁国和晋国等国家一起去攻打一个叫做偪阳(今属山东枣庄)的小国,当时叔梁纥只是鲁国大贵族孟献子属下的一名武士,当鲁、晋等国的军队攻入偪阳城时,偪阳人突然把城门上吊起的悬门放下,想要趁机将进攻的部队拦腰截断,然后瓮中捉鳖。在这千钧一发之际,叔梁纥飞步上前,硬是用他的双手托起重达数百斤的悬门,直至先入城的部队安然撤出。另一次战功发生在七年之后的鲁襄公十七年(前556),这一年齐国入侵了鲁国北部一个叫防的地方,防邑是鲁国的另一位大贵族臧纥的封地,齐军在外层层包围,前来救援的鲁军行进到离防邑不远的旅松时,便被齐军的气势和兵力吓得不敢前进。这时候又是同样被困在防邑中的叔梁纥,带着三百甲士,在一个月黑风高的夜晚,保护臧纥等人突破齐军的重重包围，把他们安全送到旅松鲁军的阵营，之后竟然又带兵杀回防邑固守，直至齐军自觉攻城无望后撤退。徵在至今还能想起听父亲讲述这些往事时哥哥们那种羡慕和崇拜的目光。她是女子，自然不能像哥哥们一样渴望有一天建立叔梁纥那样的功勋，但父兄们却不知道，懵懂的少女也正是在那时，心里开始有了对未来丈夫的期许——无论贵贱，他必须是叔梁纥这样英武的男子。

想不到缘分竟是这样的奇妙。没过多久，村落间就传出了叔梁纥想要续妻的消息。最早带来消息的是经常和徵在一起采摘卷耳、葛叶的邻家姑娘。她说叔梁纥派媒人来她家提亲，她的父母嫌他的年纪太大，老夫少妻与礼不合断然拒绝了。说不出为什么，听到这个消息的徵在心下隐隐一痛，忍不住出口反驳道："我却不这么看，嫁给年纪大的英雄也比嫁一个庸碌无为、无所事事的青年强！"女伴一边笑一边说："听说媒人明天就要去你家了，到时候看你还是不是这样的说辞！"徵在说："我们自幼在一起，你是了解我的，我素来待人以诚，说话亦言而有信，如果他肯向我家求亲，我一定会嫁给他！"

媒人并没有等到第二天，当天晚上就已经坐在了颜家的厅堂。颜家三个女儿，都尚未婚配，颜父自是很认可叔梁纥，奈何颜母坚决不同意女儿嫁给年纪这么大的人做续妻。媒人虽是受人之托，但这四十几岁的年龄差摆在那，纵是她巧舌如簧，也只能表示理解。徵在就是这个时候出现在父母和媒人面前的。她盈盈施礼之后，语声不高，却字字清晰地说："我愿意嫁过去。"颜母惊得几乎要在席上一跃而起，好在徵在走到她面前，扶住她的肩膀说："女儿知道母亲的心思，也知道母亲心疼女儿，但是女儿自幼就经常听父亲说起叔梁纥的故事，即使只能与这样的英雄生活几年，女儿也是愿意的！"知女莫若母，颜母太了解自己这个女儿了。虽是家中最小的，却又是三姐妹中最有主见的，她想做的事情，多半没有回旋的余地。于是只好叹息了一声，抓住徵在的手说："孩子呀，你要知道，这一嫁过去，你这后半生可就有苦头吃啦！"徵在握着母亲的手，将头轻轻地靠在母亲肩上："这些女儿

祷尼山图

都想过了，女儿也做好了准备。"媒人被这戏剧性的转折乐坏了，见此情景急忙起身告辞，仿佛生怕颜家反悔一样，一溜烟地向叔梁纥家报喜去了。

　　与徵在结婚时的叔梁纥已经六十多岁，他先娶妻施氏，生了九个女儿，没有儿子。四十多岁时纳了一位妾，生了个儿子，叔梁纥十分欢喜，为其取名孟皮，盼望着他早日长大成人，承续家世。没想到孟皮到了学步的年纪，才发现是天生的跛足。对叔梁纥来说，这次的打击远比连得九女还大，毕竟岁月不饶人，自己的年纪越来越大，实在急需男孩作为嗣子。他经常一边怜惜地看着小孟皮，一边虔诚地希望祖先福佑妾室能够再生一子。没想到这份希望频频落空，岁月流转，转眼孟皮已经十几岁了，他的妈妈却没能够再为他生一个弟弟或妹妹。开始叔梁纥还宽慰孟皮的母亲，自己这些年随军出战，聚少离多，勿要着急，但是六十岁生日一过，叔梁纥自己也开始忧心起来。孟皮跛足，无法胜任宗子四时祭祖的任务，自己年事已高，万一有个三长两短，岂不是让先祖绝祀了吗？施氏与孟皮的母亲更是忧心如焚，屡次劝他再寻个女子，又担心他年纪大没有谁家的姑娘肯来做妾，施氏便以无儿为由自请被出，只为给新来的姑娘一个正妻的名分。想到这里，叔梁纥忍不住轻轻地叹了一口气："这个即将来到人世的孩子肯定不知道，他的出生包含了多少人的付出与期望啊！"

忽然，院子里传出了嘈杂的人声，然后是老仆人跌跌撞撞的脚步声由远及近，叔梁纥急忙起身向门外走去："大人！大人！是个男孩！是个男孩啊！"老仆人喜极而泣，一边用衣角拭着眼睛一边大声地报告着。喜悦像一壶蜜浆，涌进了叔梁纥的心里，那颗心快乐得像沂水的浪花一样翻腾。他欢喜地返回家庙，拿起神案上的木弓，快步来到院门，郑重地将它悬挂在门左一个最显眼的地方，"庚戌岁十月庚子，孔氏终于添子啦！孔氏后继有人啦！"叔梁纥真想把这些话喊出来，越大声越好。

家族荣光

　　虽然迫不及待，但碍于礼制，叔梁纥直到三日后才真真切切地将这个小儿子抱在了怀中。仅仅三天，小家伙的脸蛋已少了很多初生时的褶皱，看上去粉嫩粉嫩的，此时他正吮着红嘟嘟的小嘴唇，仿佛在睡梦中仍然喝着妈妈甘甜的乳汁。叔梁纥忍不住用手指轻轻摩挲了一下孩子浓密的胎发，回头望向床上的徵在，动情地说："你是孔氏的功臣！"徵在微微笑了笑，略显苍白的面颊飞起一抹动人的红晕："良人这话却是错了，这是先祖福佑的结果和尼丘山神的功劳，我岂敢贪天之功呀！"叔梁纥也笑了："虽说依礼起名要在三个月之后，但你这句话倒是提醒了我，此子能来到我家，是我们向尼丘山神祷告的结果。古人讲给孩子取名不能轻率，要遵守'信、义、象、假、类'五法，我看这孩子的头顶囟门下陷，有若群峰之中的凹丘，和那日你我祈祷时的山峰极为相似，那我们就为他取名为丘，既符合取名的'象'法，也包含了你我对尼丘山神的感激，你看如何？"徵在听得入神，不觉撑起了身体，一边低头亲吻丈夫怀中的婴儿，一边说："他是良人的第二个儿子，按照兄弟伯仲叔季的排行，他应为仲，那等到冠礼之时，我们请人为他取个表字叫仲尼吧！"叔梁纥高兴得站起来，兴奋地说："儿子，别人家孩子取名字都得近百天哪，你小子三天就有名字啦，咱就叫孔丘，字仲尼，好不好啊？"徵在看着平时庄重威猛的丈夫，此刻兴奋得像个孩子，也忍不住笑了起来。

这时候老仆人的声音在门外响起："大人，射具都准备好了！"叔梁纥这才停下来，把婴儿抱在怀中，向堂下走去。院子里已经摆好了一张条案，上面铺着一条红色的葛布，葛布上并排摆了一张桑树枝制成的木弓和蓬蒿截成的六支箭杆，老仆人恭敬地立于案侧。叔梁纥走到案前，老仆人一边帮助他把孩子系于背上，一边说："您别怪老仆唠叨，这出生射礼都是请射人完成的，您非要亲自来……"叔梁纥不待他说完，便朗声笑道："请射人的多是其父射术不精，我这一身的本领，可得让这小子今天好好见识一下！"说完拿起桑木弓，放在手里掂了一掂，又拿起一支箭杆，老仆人几乎没看清他怎么再取箭杆，六支箭便已一支冲向了遥远的天际，一支稳稳地刺入地面，另外四支，则分别嵌入了东、南、西、北四面的墙上。把箭射完，叔梁纥从老仆人手中接过婴儿，孩子不知何时已经醒了，正转着黑白分明的大眼睛，看着父亲花白的胡子。叔梁纥把脸贴近婴儿，又是深情又是严肃地说："孩子！丘儿！为父今日亲自为你表演射礼，就是希望你长大成人之后，能有威服四方的志向，但不管走到哪里，都要记得礼敬天地，为人不可傲慢啊！"

日子如水一般在平凡的生活中静静流淌，孔府自从有了小孔子，一改往日的沉寂，经常能够传出朗朗的笑声。孔子三个月，他的父母在家庙里为他举行了隆重的荐礼，一来是把孩子出生的喜讯正式

叔梁纥墓

报告给列祖列宗，二来是把为孩子取好的名字写入族谱。看着条案上左昭右穆排列的神主（刻有祖先名字的牌位），叔梁纥对徵在说："想必你还未能全然知晓我的家世，我且细细地讲给你听，若是将来我不在了，你也好说与丘儿听。作为宗子，他必须得知道自己的家世与荣光，并把它一代一代地传承下去。"徵在听他说这些不甚吉祥的话，心里有些忌讳，但理智也知道丈夫的思虑不无道理，于是便打消了阻止的念头，努力浮现出一个她这个年纪极富感染力的灿烂微笑，调皮地说："我呀，对此早就好奇得很，良人您又不肯跟我说，今日算是借了丘儿的光，可以一饱耳福了呢！"

叔梁纥也笑了，指着居中的神主开始了讲述。话说孔氏的先祖可以追溯到殷周交替之际，当时周武王伐纣取得胜利之后，按照惯例，让纣王的儿子武庚继续留在朝歌（今属河南淇县）治理殷商的遗民。不想几年之后，武庚趁武王去世、成王幼小之际发动叛乱，叛乱虽最终被周公平定，但周人再也不放心让殷人继续统治朝歌，于是成王便将朝歌分封给武王的弟弟康叔封，而将纣王的庶兄微子启分封到了商丘（今属河南商丘市睢阳区），建立起宋国。微子启卒，其弟微仲继位，微仲就是孔氏的远祖。从微仲传到叔梁纥，已经十四代。第十代祖弗父何，曾把本应由他继承的国君之位，礼让于其弟鲋祀（宋厉公），美名遍及天下诸侯。第七代祖正考父，即弗父何的曾孙，曾辅佐过宋国的戴公、武公、宣公三代君主，以谦恭俭朴为人称颂。正考父还是一位博学多识、熟悉古文献的学者，《诗经》中的《商颂》部分，相传就是他和周太师一起校订的。正考父生子孔父嘉，为孔氏的第六代祖，官至宋国的大司马。孔父嘉的妻子魏氏美貌艳丽，为当时的太宰华督所觊觎。华督遂借安宁百姓、平息民愤的理由将孔父嘉杀死而取其妻。刚烈的魏氏于途中自缢身亡。其子木金父被迫避难奔鲁，自此定居鲁国。从木金父的儿子祈父开始，这个家族便依礼以他们的祖父孔父嘉的字"孔"为氏，这样直至传到他叔梁纥。生活在鲁国的孔氏，虽说还保有着贵族的姓氏，但毕竟只是鲁国的异姓贵族，且又是逃亡而来，所以早已失掉了祖先作为上卿贵族的特权，前四代均默默无闻，直至到了他叔梁纥，才凭了"以勇力闻于诸侯"的军功，挣得一个陬邑大夫的低级官职，而其身份也只是个"武士"，是贵族的最低等级而已。

讲到这里，叔梁纥的语气不免低沉下去，好长时间，夫妇二人都没了言语，空气中只有油灯中的线芯偶尔因灯花爆出清脆的声音。过了良久，还是徵在率先打破了沉默："良人的心意，妾今日越发明了了。这番家世，等丘儿长大了再由您说与他听。我自幼在家，经常听母亲讲我朝先王季历、文王、武王的母亲太姜、太任、太姒教子的故事，良人尽管放心，我定然会以三母为榜样好生教导我们的丘儿，让他既有十世祖的仁义礼让，又有七世祖的谦恭博学；既能建立六世祖那样的伟业，也能承续他父亲的丰功。"叔梁纥灰暗的心境仿佛一下子被妻子的话语照亮，他再次给祖先行了一个稽首礼，慨然地说："正是，相信你我携手，好好教导丘儿，他将来定然能重振家业，显亲扬名于后世。君子当学六艺，射、御，我教导丘儿绰绰有余，只是这礼、乐、书、数非我所长，得送到官学才是。陬邑地小，好在距都城曲阜不远，不如等丘儿再大些咱们举家迁至曲阜，那里定然可以寻到好的官学。"徵在觉得丈夫为孩子的未来规划得甚是周详，望向丈夫的脸上满是崇拜和信任的神情，这令叔梁纥内心升起无尽的勇气，陡然年轻了数岁。

幼年孤苦

　　孔子就这样在父母的期望与疼爱下一天天地长大了。不过，说起来他的成长，并未因他后来成为圣人而有什么"生而能言"抑或"见风就长"的神异之处，与所有的孩子一样，他三个月翻身，六个月牙牙学语，一直到十三个月，才迈出了他人生中并不坚实的第一步。那是无数个平凡日子里的普通清晨，吃过早饭的一家人正准备开始一天的忙碌，叔梁纥也像往常一样，在出门前又来到孔子的房间看一眼儿子，也就在这时，他看到小孔子从席上站起身来，一边向他挥舞着小手，一边摇摇晃晃地迈出了一步、二步、三步，叔梁纥的心仿佛被一股幸福的电流击中，他一把抱起孔子，一边大声地叫着："丘儿他娘，丘儿他娘，咱们的丘儿不是跛足，丘儿会走路啦！"徵在看着他的样子又好气又好笑，嗔怪地瞪了他一眼说："谁说丘儿是跛足啦？我们丘儿健全着呢！"叔梁纥这才意识到自己的失言，尴尬地笑笑说："我这不是因为有了孟皮的经历，心里担心嘛！"

时光流转，到了孔子三岁的时候，孔家的日子却越发地显出没落的光景来。虽说九个女儿业已出嫁，不成为负担，施氏与孟皮的母亲也先后故去了，家中只有他们夫妇和兄弟二人，可叔梁纥毕竟年纪大了，年轻时于行伍之中积下的许多隐疾，此时都一股脑地找上门来，求医服药竟成了这位昔日壮汉的主业，家事的料理与生计的维持，便渐渐地落在了孔子的母亲身上。好在徵在十分勤劳，每日照料丈夫，打理家事，照顾孟皮的饮食起居，看着孔子玩耍嬉戏，脸上总是挂着一抹淡淡的笑容。因为丈夫多病，家中四时祭祀这样的事情，多半都是徵在带着孔子，在叔梁纥的指导下完成。妈妈在擦拭俎豆这些祭器的时候，孔子特别喜欢待在妈妈身边，他喜欢妈妈做事时专注的样子，更喜欢看到这一件件清洗得光洁如新的俎豆，装上各样粮食，偶尔还会盛上祭肉，分类整齐地摆放在祭台上。这时的孔子，总会瞪着黑白分明的大眼睛，指着这些东西向父亲问这问那。叔梁纥也恨不得将自己生平所知的礼数都讲与小儿子听，似乎他已经预感到，这个为了延续宗族祭祀而辛苦得来的幼子，很快就会迎接那份属于他的宿命了。

虽有万般难舍，叔梁纥的生命还是走到了尽头，就像一枝将尽的烛火，他将最后一丝光亮和余温久久地停留在年轻的妻子与年幼的孩子们身上，火星斑驳闪烁、忽隐忽现，久久不愿熄灭。徵在紧紧地握着丈夫的手，那双手此刻已经如枯柴般瘦削，却仍旧能把她的小手包在里面，温暖舒适。就这样过了良久，她才轻轻地贴着叔梁纥的耳畔说："良人的心意我都懂得，我定会好生照顾孟皮，教导丘儿，带他们去曲阜，寻好的官学。我们颜家是曲阜的大姓，到了那里自会得到族人的照料，您尽管放心，不用忧心我们母子今后的生活。"说完，她将头轻轻地伏在叔梁纥昔日宽大的胸膛上，直至那里的跳动一点一点地微弱下去，最后静得只有自己压抑的啜泣声。年幼的孔子则完全不知发生了什么，只见老仆人跌跌撞撞地爬上房顶，在西山渐落的残阳中，一边拿出父亲的衣服拼命地摇动，一边扯开喉咙向着北方大声地呼唤："孔氏叔梁纥回家啦！"他不明就里，只觉得甚是好玩，便开心地学着老仆人的样子，用他稚嫩的童音一起喊着："孔氏叔梁纥回家啦！孔氏叔梁纥回家啦！"

叔梁纥的丧礼在妻子的无限哀思之中完成了，幼小的孔子还无法体味到失去父亲的悲伤，徵在则明显地消瘦了下去，但神情反而越发平和坚定，甚至还增添了一丝不易觉察的勇气。在将叔梁纥的神主放入家庙之后，她就在众人异样的目光中，做出了一个重要的决定——举家迁往曲阜。这个决策显然遭到了邻人和叔梁纥女儿们的不解甚至非议，但徵在并不多说一句解释的话。办完丈夫丧礼的这个妇人，其实也不过二十岁左右的样子，但那青春的脸庞上却没有一丝慌乱，平静如水的眸子下沉淀的都是为母则刚的决心和完成丈夫夙愿的坚毅。

然而命运并没有眷顾这位刚强的年轻妇人。来到了曲阜的徵在母子并没有得到颜氏族人的照拂，他们甚至拿出都城之人精通周礼的优越感，指责徵在与叔梁纥的婚姻年龄相差太大不符合礼制，实为野合之婚。就像在陬邑离开时一样，徵在面对这些七嘴八舌的高谈阔论反应出奇地平淡，她深施一礼后站起身，拉着孔子便告辞了，只给那些居高临下的人们留下了一个倔强的背影。

徵在最终在自家父兄姐妹的帮助下，把家安在了曲阜城西南一个叫阙里的地方。这一带住的多是平民，附近恰巧有一户从陬邑迁居出来的普通人家，儿子叫挽父，也是母子二人共同生活。同乡再加上经历相似，徵在与挽父之母颇为投缘，生活上也彼此照顾，反倒比那些袖手旁观的族人们，有着更多的温暖和情意。

自来到曲阜，年轻的徵在仿佛就生出了十二分的力气，她白天采摘种稼，晚上纺线织补，虽然如此，寡母幼子的生活过得还是异常艰辛。好在孔子是个懂事的孩子，不管母亲做什么活计，他都做些力所能及的事情帮助母亲。母亲若是做饭，他就拾柴、添柴，母亲若是缝补，他就在旁边等着帮她穿针引线。母子二人总是一边做活一边闲聊，聊得最

为儿嬉戏图

多的就是他的父亲和他们孔氏家族的过去，那些先人的事迹仿佛在徵在的心里生了根，她再用生动形象的语言讲述出来，经常让小孔子听得如痴如醉。无数个日子就在这困苦却温馨的氛围中悄悄流逝，转眼孔子也长到了八九岁。

夜以继日地工作还是过早地损害了徵在的健康，这一年的冬天她生了一场大病，这场病整整持续了三个多月，直到春风把柳树吹出了漫天的飞絮，她才算是痊愈了。但这一场病似乎抽去了徵在大部分元气，虽说是才不到三十岁的年纪，但她的身体却形如一个暮年的妇人，只能做些扫地、洗衣、做饭这类轻省的家事，而孟皮又行动不便，那些种稼、种菜、挑担、推车之类的重活，只能都落在孔子稚嫩的肩上了。

好在孔子有一副父亲遗传给他的好身板，到了十七岁的时候，他已经长成了一个身长九尺六寸（周制一尺等于今天19.91厘米，折算下来即191厘米）的高大青年，再加之长期的劳作，使他看上去越发地体格强壮，筋骨劲健。这一天，刚刚劳作完的孔子把最近越发虚弱的母亲背到了院中，让她靠座在席上晒晒太阳。徵在缓缓地闭上眼睛，深深地吸了一口气，一股淡淡的花香草气涌入口鼻，仿佛给她的身体注入了无限的活力。她仿佛又回到了少女时代，在沂水的岸边，一边哼着歌，一边轻快地采摘繁茂的苤苢。她总是手脚最为麻利的那个，一片一片，或摘或捋，不一会就装满了一筐，剩下的她不忍舍弃，一边把它们都放入提起的衣襟，一边惬意地舒展了一下腰肢。忽然，她看到沂水对岸有一个人影，正从开满鲜花的尼丘山上徐徐走来，他须发灰白，他高大威猛，他向她拼命地招手，她的泪水一下涌出了眼眶，忍不住轻呼了一声："良人啊！"

颜徵在的生命就定格在这个仲春的午后，身边有疼爱的儿子，眼中有挚爱的丈夫。父亲的早逝对年幼的孔子来说，只是产生了家中突然缺少一人的困惑；母亲的故去才让他真正体会到了阴阳永隔的绝望和难过。他哀哀而哭，他茕茕孑立，到了母亲将要安葬的日子，更是悲痛不已。因为他知道，母亲虽未及留下只言片语，但一定是希望和父亲合葬的。可是自搬家之后只行家祭，没有墓祭，当时只有三岁的他，无论如何也想不起父亲当年的埋骨之地了。

好在孔子不仅继承了父亲的体魄，也遗传了母亲沉着镇静的性格。这种情况并没有让年仅十七岁的他生出一丝慌乱，他仍旧依礼有条不紊地安置着母亲的丧仪。在请筮师择了下葬日期之后，他将母亲的棺材暂时停放在一条叫"五父之衢"的大道上。这是曲阜城内最为繁华的一条街道，商户林立，原本就人来人往，此时一口棺材放在街口，更是吸引了很多的人前来聚集。孔子向众人施了孝子之礼，哽咽着说："我叫孔丘，先祖是宋国人，后避乱来到鲁国。我的父亲名叫叔梁纥，曾做过陬邑的大夫。现在母亲突然离世，我想把父母合葬，但父亲去世时我年仅三岁，不记得他的墓地所在，只好出此下策，但愿有从陬邑来的知情乡邻或者我父母的生前交好，能够给我提供些信息，助我实现这个愿望。"孔子语毕，人群开始议论纷纷，但最终都是摇摇头叹息着离开了。一直到了午后，一位白发苍苍的老妇人忽然从人群中挤了进来，一边抚棺拭泪，一边走向孔子。孔子仔细一看，原来是老邻居挽父的母亲。老妇人抹着眼泪对孔子说："没想到我才外出几日，你母亲竟不在了！我们平时闲聊，她曾与我说过你父亲的葬处，就在咱这城南的防山。"

将父母合葬之后，孔子就开始为母服丧。一天，有个小伙伴跑来告诉他，鲁国的执政大夫季孙氏正在举行招待士人的宴会。士是当时贵族中最低的等级，是进入上层社会的起点，也是政府选拔人才的重要来源。小伙伴说："我们这些平民，自是无缘参加了，但你的父亲是大夫，你也有士的身份，应该可以参加。"孔子觉得小伙伴的话很有道理，自己若能因此进入政府选拔人才的视野，想必重振家业便更有希望完成，父母在天之灵肯定也会高兴的。一想到父母，孔子便没有了任何顾虑，随着小伙伴来到了季氏的府门前。季氏的家臣阳虎听完孔子自报家门，轻蔑地打量了一下他束有麻带的孝服，呵斥道："我们今日请的确实都是具有'士'的身份的人，可并没有请你，赶快离开这里吧！"孔子黯然地走回家。经过这件事，他才明白自己的贵族身份并不被认可，要改变这种现实，还是要靠自己加倍努力才行。

博学好礼

    曲阜是鲁国的都城，当年周武王分封诸侯时将这里分给他的弟弟周公旦。周公旦对周王朝居功至伟，所以鲁国在诸侯国中是唯一能用天子礼乐祭祀天地祖先的国家。这是鲁国的荣耀，故而国力虽然在春秋时代日益衰落，但它深厚的文化遗存仍然吸引着博文好礼的人士争相前来学习。如此看来，叔梁纥和颜徵在为了儿子孔丘举家迁来曲阜的决定和行动，确实是明智之举。

    自从举家来到曲阜，小孔子除了帮母亲照顾跛足的哥哥，还要在特殊的日子祭祀家中供奉的神主。孔子记得搬家时，母亲指着这些神主说："丘儿，你的父亲、祖父、曾祖父以至你们孔氏的祖先，都将和我们一起迁往曲阜，你是家中的宗子，从此祭祀先祖的任务就由你完成了。希望有一天，你能再次为他们修建专门的家庙，让他们好好享受供养。"孔子牢牢地记住了母亲的话，虽然现在他们还没有家庙，但小孔子仍然经常把那些俎豆、尊爵拿出来擦拭，然后再按照记忆中父亲抱着他祭祀时的样子，随时温习那些祭礼中的顺序、表情和动作。其他同龄的孩子都头戴雄鸡羽毛做的帽子在巷子里追逐嬉戏，小孔子则对这些礼器入了迷，仿佛它们身上有无穷的魔力，吸引着他不断探索这其中的奥秘。看到这一幕的徵在虽然辛苦，内心却甚是欣慰。闲暇下来的时候，她也将记忆中各种典礼上如何周旋动容、揖让进退的要求都仔细地讲给儿子听，有时还亲自演示给他看。小孔子天姿聪慧，往往看过一次便能模仿得惟妙惟肖，甚至还能无师自通地把其中的道理说得头头是道。

渐渐地，光是母亲的讲解已经不能满足孔子旺盛的求知欲。六岁的时候，徵在便借叔梁纥为陬邑大夫的身份，把孔子送到了官学中。周代的官学分为小学与大学两个阶段，学习的内容都称作"六艺"，但具体所指则有所不同。小学阶段的"六艺"是指"礼、乐、射、御、书、数"这六种课程，此阶段的"礼"主要侧重日常生活中言行举止的要求。"乐"则学习最为基础的音乐知识和乐器演奏。"射"学射箭；"御"学驾车，这两项都是贵族必须具备的军事能力。"书"和"数"是这个阶段学习的文化基础课，"书"是指通过学习造字方法识字、写字；"数"则重在学习田亩面积的计算、按比例交换、按条件合理安排运输赋粟和分配徭役等方面的实用数学知识。孔子极为珍惜这难得的学习机会，课上听得认真，课下善于思考，遇到一些不懂的问题，他除了在学校里问先生，也随时向周围的人恭敬地请教。他经常和小伙伴们说："三个人在一块走路，其中就准有一位可以当作我的老师，选择他言行举止好的一面学习，看到他的缺点，便反省自身有没有同样的缺点，如果有就加以改正。"在这些科目当中，孔子最喜欢上的是"礼"课，课下劳作之余，他经常用泥巴捏些礼器礼物的造型，并根据需要把它们进行不同的组合和排列，然后再根据自己拟定的情境认真揣摩和演习先生讲授的礼仪要求，无论是动作还是表情，都力争模仿得惟妙惟肖。此外，孔子还经常向当时以"礼乐"谋生的儒者学习，这些儒者精通礼仪的程序和要求，也对勤奋好学的孔子格外喜爱，每当他来提问时都恨不能把自己平生所学全部传授给他，他们在具体实践中得来的经验，有时比书本上、课堂上老师讲得更为鲜活，孔子每次都听得兴致勃勃，意犹未尽。如此这般地广益多师，再加上聪慧勤奋，孔子的学业很快便在同学中脱颖而出，阙里这一带的百姓都知道有个从陬邑来的叫孔丘的小孩，小小年纪，却对礼学甚是精通。附近的孩子们又好奇，又不服气，经常跑来向他发难：

"祭礼上用的牛叫什么？"

"一元大武。"孔丘张口就来。

"那狗又叫什么？"

"狗要称作'羹献'。"

"水怎么称呼？"

"清涤。"

"酒呢？"

"清酌。"孩子们聚在一起窃窃私语，准备问些更难的。

"祭祀的箭靶子叫什么？黍米饭叫什么？韭叶称作什么？"

"侯、香合和丰本。"

孔子应声而对，小伙伴们发出了啧啧的惊叹声。多次试探之后，小伙伴们都心悦诚服。这些孩子多是平民子弟，完全没有机会进入官学学习这些知识，现在有一个同龄孩子懂得这么多，而且还非常愿意讲给他们听，他们也因此特别喜欢待在孔子身边，围着他问这问那。孔子的家俨然成了这群孩子的学校，只要孔子有闲暇，他们便会聚在孔子的身旁，听他讲那些从官学得来的知识。

到了孔子十五岁的时候，按照周代的学制，就要结束小学的学习，开始大学的学业。大学对入学者家世的要求更高，一般只有周王室的太子、周王的诸子、公以及诸侯的太子、卿大夫及元士的嫡子和一些选拔上来的中、小贵族的子弟才有学习的机会。论家世孔子自然是没有入学的资格，但由于他的品学兼优是有口皆碑的，所以很顺利地通过了选拔，如愿进入大学学习。这个难得的机会，让孔子

学琴师襄图

下定决心终身要以志学为业。大学所学的内容仍然有"礼""乐""射""御"，但所学的内容都是对小学的加强版。"射""御"作为军事能力课，此时已不仅要求技术精湛，还要能够通晓背后的礼乐精神以及昭示学习者的君子风范。而"礼"则从小学的日常之礼提升到学习"吉""凶""军""宾""嘉"五种国家典礼。这个阶段"乐"的课程则更像是今天所说的美育，即通过对音乐所表达内容、音乐中的情感、音乐的表现方式和音乐的功能这些内容的讲授，达到陶冶和修正学生性情的作用。小学的孔子，虽然已经学会了弹琴、击磬、鼓瑟，但与"礼"相比，他对音乐并不怎么重视。经过大学的学习，他才知道，音乐作为礼的辅助形式，它能为等级森严、尊卑鲜明的典礼，营造出庄重和谐的氛围，从而使宗族的亲人更加融洽，使国家的君臣更为团结。从这以后，孔子便对学习音乐也着迷起来。

有一次，他跟鲁国的乐官师襄子学习弹琴，一支曲子一连弹了十几日也不更换曲目，师襄子觉得奇怪，孔子说："我虽已经熟悉了曲子，但还没有领悟到其中的技术。"过了一阵子，师襄子说："你已经掌握了此曲的技术，可以换别的曲子了！"孔子又说："我还没有领悟曲子的深意。"又过了些时日，师襄子说："从琴音上看，你已经领悟了此曲的意义，可以换别的曲子了！"孔子还是说："不够不够！我还没能领悟到它描写的人物形象。"如此又过了数日，有一天，孔子默然有所思，眺望着远方，自言自语道："这曲中描写的人物肤色黝黑，身材高大，眼睛向上眺望，好像要统一四方的样子，这不是周文王还能是谁呢？"师襄子听了心中大为感佩，激动地一把拉住孔子的手说："这支曲子正是叫《文王操》啊！"孔子就是这样，不管学习什么技能，都要止于至善才肯罢休。他与别人一起唱歌，如果对方唱得好，他也一定请人家再唱一遍，自己侧耳倾听，细心揣摩，最后再和人家合唱一遍，直到自己满意为止。

大学用《诗》和《书》取代了小学的"书"和"数"。《诗》是指一本诗歌的集子，今天被我们称为《诗经》，但当时还只是叫作《诗》。周代的大学通过这本书让学生们熟悉花、草、树、木、鸟、兽、虫、鱼的名字，也通过这本书让学生们了解孝顺父母、辅佐君主的原因和技巧。《书》相当于尧、舜、禹、夏、商、周各个时期领导讲话的汇编，周代的大学用这本书让学生了解前代的历史以及历代君主的政治智慧。孔子在大学阶段，依然保持着小学时代的刻苦精神和学习方法，白天紧随先生，夜晚每日温习。

徜徉在知识海洋中的孔子，还要承担起家计。自母亲去世之后，除了自己还有哥哥一家需要照顾，所以他一刻也不敢懈怠。为了生存，他给人做过乘田，就是掌管畜牧的小官；也做过委吏，负责仓库的保管、会计、出纳等事务。他年纪虽小，但精通计数，做事又专注认真、周到细致，经他管理的牛、羊，不仅一头不会丢失，而且个个膘肥体壮；经他手进出仓库的货品，都名目清晰，没有一点差错。有人曾当面耻笑他身为大夫之后却做这些粗鄙之事，他说："如果富贵合乎于正道我就可以去求取，所以虽然是给人执鞭的下等差事，我也愿意去做。如果富贵不合于正道，当然就不该去追求，而要按自己的心意去干事。现在别人信任我，我也因此能挣到家用，这是符合正道的事情，我不介意这种工作的粗鄙。"除此之外，因为通晓礼仪，孔子还经常被请去负责贵族之家各种吉、凶、嘉礼的相礼工作。有一次，鲁国国君要在太庙举行典礼，太庙是鲁国始祖周公旦的宗庙，里面陈列着许多文物礼器，是了解政治礼仪最好的地方。这一次因为典礼重大，准备任务繁杂，孔子也被叫去负责相关工作。孔子十分珍惜这次难得的学习机会，在太庙中每遇到他不懂的地方，便虚心地向别人请教。他的这个样子，让一起工作的其他儒者颇不以为然，嘲笑说："谁说那个陬邑来的孩子特别懂得礼的知识？自从他进入了太庙，事事都要向别人提问。"孔子听了并不以为意，他在心里默默地说："知道就是知道，不知道就是不知道，不懂的地方就提问，这本身就是礼的要求啊！"

作为一个鲁国没落异姓贵族的宗子，孔子没有那种上卿子嗣的幸运，一出生就衣食无忧，长大后就可以入仕从政。可是这种少年孤苦的经历和海纳百川的学习精神，也因此让他精通六艺知识，擅长各种本领。多年以后，有一位太宰问子贡："你的

太庙问礼图

老师是圣人吧？怎么懂得那么多，什么都会呢？"
孔子听到后对子贡说："太宰不了解我啊！我小的时候生活贫苦，所以擅长做一些贵族们不屑于做的粗陋之事。我并不是什么生下来就有知识的圣人，不过是一个喜好古代文化、靠了勤奋聪敏去求取知识的普通人啊。"

问礼老聃

　　孔子大约十九岁的时候，在哥哥孟皮的主持下，完成了冠礼，并按照母亲的遗愿，取表字为"仲尼"。行了冠礼不久，便与亓官氏成婚。这位夫人据说是宋国人，一年之后生了一个儿子，取名鲤，字伯鱼。有了家室的孔子已经完全成熟起来，他前额高隆，眉目阔长，为人温和、恭敬、严谨、谦让，举手投足中都蕴含着一种文质彬彬、聪慧睿智的君子气象。

　　婚后的孔子，出于谋生的需要，多数时间仍以助丧相礼活动为业。古人认为人死之后是去了另一个世界生活，故而讲究事死如事生，对丧礼极为重视，从人去世到下葬之前的礼仪程序竟然多达几十项。丧礼上的服饰器具、仪容举止也有严格的规定，就连对参加丧事的亲友的服饰、表情、哭泣的程度，也根据与逝者不同的关系而有不同的要求。这种情况下，如果没有精通丧礼的人作为相礼助丧，实在难以尽合礼数。孔子自幼就喜欢摆弄俎豆，长大后又多方学习，虽然年纪不大，但在这个方面的博学远超于当时普通的儒士，渐渐地便远近知名，相礼所得用以维持一家人的生活已不是问题。

渐有声望的孔子，不仅找他相礼的人多，如同小时候一样，专门向他请教的平民百姓也不少。周代的制度，学在王官，文化教育由王室的专职人员管理，受教育的对象也只能是士以上的贵族，普通的百姓根本没有学习礼、乐这些知识的机会。孔子看到这些普通百姓家的孩子求知若渴的样子，总是耐心细致地解答他们的问题，就像永远不知疲倦一样。一天，一位郑国的商人路过孔子家门口，看到门外等候着许多人，便好奇地打听原因。听完大家的陈述，他忍不住哈哈大笑道："如此这样你们何不让那孔子自己来开门授徒，也省却了大家轮流等待的麻烦。"大家听他说得有理，便引他入室。孔子听完他的建议，仍有些犹豫："您的建议确实是个好办法，但是这样做能被允许吗？"郑国商人说："这您大可放心。我们郑国有一个叫邓析的人，就办了一个专门教人打官司的学校，凡是有要学习这种诉讼知识的，只要交纳一定的衣物作为报酬，便可以到他那里学习。生意那是好得不得了！"孔子听后，一时还颇为踌躇，那些前来问学的人却群情激动，大家七嘴八舌地说："太好了，您就来给我们当老师，只是我们的家境都比较一般，只能拿得出十条干肉做学费，您看如何？"

孔子的学校就这样诞生了。对学生，孔子不拘出身、国别，只要有向学之心，都可以入学受教。比如说子路，姓仲名由，是鲁国的卞地人，没有什么正当的职业，经常头插公鸡毛，身佩公猪形饰物，腰系长剑，在街上到处招摇。他听到一个只比自己大九岁的人竟然开门设学当老师的消息，颇有些不服气，便从卞地赶来想看看孔子何许人也，顺便难为他一下。他特意穿着他那套标新立异的奇装异服，雄赳赳地入得门来，一见面就对孔子说：

"南山的竹子，不用加工就已笔直；把它砍下来，那锐利的竹片，足可以戳穿犀牛皮制成的甲胄。如此说来，对于天生条件优越的人，学习不学习，又有什么关系呢？"孔丘看到子路的样子不免莞尔一笑，貌似随意地说："要是把竹子削利，在尾部嵌上羽毛，尖端装置锋利的铁箭头，再用它去射甲胄，是不是要比那些没有加工过的竹子，穿得更深入呢？"子路听了一愣，认真想了一会儿，觉得孔子说得极有道理，便伏地认错，心悦诚服地拜了孔子为师。

虽然自己做了老师，身边也已有了很多弟子追随，但孔子从不自满，仍然保持着早年好学的习惯。鲁昭公十七年（前525），郯国的国君前来朝见昭公。郯国是少皞氏的后代，所以郯国国君熟知文献中记载的少皞氏用鸟来作官名的原因。孔子听说后，就去拜见他并向他请教，回到家后对弟子们说："我曾听说'社会普遍丢失的传统礼节、道德文化等不得不到民间去寻找'，果真是人外有人，天外有天啊！"

孔子在教学的过程中，看到很多地位低下的青年其实有很好的能力，设若有机会能够进入国家的管理阶层，定能发挥出巨大的作用。于是在他三十岁这一年，他决定放弃当时办学仅为传授助丧相礼之技的初衷，正式确立以培养知识、能力、品德兼具的能够治国理政的君子为目标，教学的内容也从传授助丧相礼等礼仪知识，改为学习《礼》、《乐》、御、射、《诗》、《书》六艺。

孔子办学的特色和成就也引起了鲁国贵族的注意。当时鲁国有个叫孟玃（即孟僖子）的大夫，于鲁昭公七年（前535）曾经陪着国君出使楚国，但他不通礼仪，无法相礼，也不能在楚国对昭公进行到郊外迎接慰劳时答礼。回国之后，他不仅自己下决心重视礼仪，而且在病故前，特意嘱咐自己的两个儿子孟懿子和南宫敬叔去做孔子的学生，认为只有这样，才能保住他们贵族的地位。就这样南宫敬叔做了孔子的学生，并在他的请求下，鲁昭公送给他们一辆车子、两匹马和一个仆人，同意他和孔子在鲁昭公二十四年（前518）三月前后出访洛邑。

洛邑是周天子所在的王城，作为国家的政治中心，不仅保存着最为完备的礼仪建筑如宗庙、明堂等，而且一些精通文物典籍的王官如老聃、苌弘等人也居住于此。现在能有机会亲自到那里考察学习，这个消息让已经三十四岁的孔子，激动和兴奋得像个孩子。

一到洛邑，孔子便马不停蹄地观摩了祭天的郊礼，还考察了王室的明堂陈设以及宗庙制度。完成这些工作之后，孔子就急切地拜访了担任天朝守藏史（相当于今天国家图书馆馆长）的老聃。孔子之所以重视这次拜会，一是希望能够阅读老聃管理的书籍；二是向他请教礼仪制度。因为他自己虽然对礼制很熟悉，但所学所用都是贵族的日常之礼。老聃比他年长，工作性质使他不仅学识渊博，而且还经常参与一些国家政治的礼仪活动，这方面正好可以弥补自己的不足。老聃脾气古怪，对孔子所看重的礼乐制度颇不以为然，但孔子谦虚好学的态度还是打动了他。一天，他们一起助丧于巷党，本来明亮的天空突然黑了下来，众人在忙乱中仰头一看，才发现是发生了日蚀。老子马上下令把灵柩停下来，等日蚀过后再继续出发，孔子却认为不知道日蚀要多久才能结束，保证送葬时间更符合礼制，应该接着往前走。老子说："不管是诸侯朝见天子还是大夫出国访问，都是天亮出发，日暮休息。肯在夜间赶路的人，大概只有逃犯和奔丧的人吧。出现日蚀时还让灵柩前行，那和人在夜间走路不是一样吗？懂礼仪的助丧者是不应该把别人刚刚去世的亲人置于这种不吉利的情境中的。"孔子听后深感获益匪浅，于是在老聃闲暇之时，便经常把自己在礼制上的困惑，诸如小孩子夭折是该葬在近处还是远处？国家有丧事的时候发生战争打还是不打？如果打，已死国王的神主带着还是不带着这类的问题，都一一向老聃请教，老聃根据礼制和情理都给了他十分圆满的解答。不仅如此，老聃还把孔子介绍给了苌弘，苌弘精通乐理，孔子和他讨论了周公所创《大武》乐舞的问题。

在洛邑的这段时光，是孔子一生中最为愉快和适意的日子。回鲁国的日期到了，临行前一日，孔子来向老聃辞别。他说："周代的礼仪制度是参照夏朝和商朝制订的，多么的丰富多彩啊！我主张遵循周代的礼制。"看着眼前这位意气风发的青年，听着他试图重振西周礼乐的理想，老聃心绪颇为复

问礼老聃图

杂地说："丘，你我相识一场，临别之际我送你两句话吧：你理想中赖以救世的礼乐，倡导它的人骨头都已经朽烂了，只是他的言论还在。君子如若赶上天下太平就出来做官；如果天下无道，那就做野外的蓬草，隐居度日。我听说，善于经商的人把货物隐藏起来，好像什么东西也没有；君子具有高尚的品德，却谦虚得如同愚钝的人一样。抛弃你的娇气和过多的欲望，抛弃你做作的神色和过大的志向，因为这些东西对于你自身都是没有好处的。"

孔子虽然极为敬重老聃，但这些饱经沧桑的人生体悟对一个三十四岁的年轻人来说，还是来得过早了一些，他还没有丰富的阅历去咀嚼它、消化它，自然也没有办法听取它、认同它。当第二天的朝霞布满天空的时候，孔子和南宫敬叔，满载着一车简书，积荡着满腔梦想，斗志昂扬地向着他们的鲁国出发了。

失意齐国

　　孔子不知道的是，他即将回到的鲁国，不仅没有给他大显身手的从政机会，反而是山雨欲来风满楼了。鲁昭公二十五年（前517），天下大旱，尽管国君已经接连举行了祈雨的祭礼，老天仍然两个月滴雨未下。以往绿油油的原野，眼下黄土弥漫，地面随处可见巨大的裂口，仿佛张着嘴唯恐错过天上降下的甘霖。天时异常，鲁国内部也不平静。鲁国的公室自鲁宣公起就日益衰弱，政权先后被把持在孟孙氏、叔孙氏、季孙氏三家贵族手中，他们都是鲁桓公的后代，所以被人们称为"三桓"。这时，正是季孙氏家季平子执政时期。季平子为人贪婪，执政期间，不仅大大削弱王室的权利和收入，将更多的军权和赋税收入自家的囊中，甚至将国君祭祀用的六佾乐舞人员也挪为己用，把他们和自家的乐队组合在一起，公然上演只有天子才能享用的"八佾舞于庭"。季平子的行为让鲁昭公忍无可忍，恰好这时郈昭伯与季平子因为斗鸡发生纠纷，于是鲁昭公便和自己的三个儿子，联合郈昭伯以及与季平子有旧怨的臧昭伯，一起讨伐季平子。三桓联合起来，早已被削弱的国君与之相比力量悬殊，结局其实并没有什么悬念，郈昭伯被杀，鲁昭公和臧昭伯逃往国外。

回到鲁国的孔子，虽有一腔梦想，却也不愿为季氏这样的僭越之臣服务，听说昭公出走齐国，被齐国安置在郓邑（今属山东郓城），便决定也去齐国。

齐国与鲁国接壤，在鲁国的北方，最初是太公姜子牙的封地。孔子此次出行的心情，远没有去洛邑时的欢快。沿途所见，到处都是干裂的土地，路上经常会看到很多背井离乡逃难的百姓，他们拖家带口，衣衫褴褛，面容憔悴。这一日，他们走到了泰山脚下，看到一位妇人在墓前哭得非常伤心，孔子就让子路前去问讯。子路问道："你哭得这样伤心，实在是像接连发生了不少伤心的事啊！"妇人一边抹着眼泪一边说："您猜得没错，之前我的公公被老虎咬死了，后来我的丈夫也被老虎咬死了，现在我的儿子又死在了老虎的口中！"孔子听了忍不住问道："那你家为什么不离开这里呢？"妇人哽咽地回答说："这里没有残暴的政令。"子路回来后，一行人默默地继续赶路，过了很长时间，孔子对跟随的弟子们说："你们这些年轻人要永远记住这件事，苛刻残暴的政令比老虎还要凶猛可怕啊！"

这一天，他们终于来到了齐国的都城临淄。齐国临海，坐拥渔盐之利，因此商贾云集，车来人往，非常繁华。孔子一到临淄，首先拜访了齐国的重卿高昭子，做了他的家臣，希望能够通过他的引荐，在齐国有所作为。齐国的国君齐景公听高昭子说从鲁国来了一个叫孔丘的年轻人，高兴地说："上卿说的这个人，多年前我出访鲁国时见过，当时我问他：'从前秦国国小地僻，为何能称霸一方？'这个孔丘回答说：'秦国国家虽小，可是人民志气大；地方虽然偏僻，却行事正当。更重要的是

在齐闻《韶》图

他们的国君秦穆公善于用人，与喂牛的百里奚谈了三天三夜，便能以国相托，任命他为执政。有这样的君主，统一中国都是可能的，称霸一方，只能算是小小的成就。'当时我就觉得这个年轻人的见识不一般，现在他来到齐国，又有上卿的推荐，我自是应该见上一见的。"

孔子如愿见到了齐景公。齐景公上下打量着这个年轻人，几年的时光，让他在原有的温良恭谨之外，更增添了一些沉稳。又听他诉说了创办私学、访问洛邑、问学老聃的经历，于是便把孔子留在身边做了顾问，经常和他讨论一些治国的问题。

一天，齐国举行了大型的祭祀典礼，孔子作为景公的外宾也被邀请参加。在这次典礼上，他生平第一次听到了《韶》乐。《韶》乐相传是帝舜之时的乐舞，按照周礼，只有天子才能使用。不过此时周天子的威仪不在，礼乐下移，像齐景公这样讲究排场和享乐的国君，便把它也用到了自己国家的祭祀典礼上。孔子在洛邑也欣赏过周朝的国乐《大武》，当时也觉得威武雄壮、动心人魄，但没有这次听《韶》乐让他回味再三、如痴如醉，甚至很长时间耳畔全是《韶》乐的声色之美，连吃肉都尝不出任何滋味。他感慨地对学生们说："《韶》乐美极了，内容也好极了。《武》乐曲调也极美，但内容还有所缺欠，比较起来，还是《韶》乐更让人陶醉。"

齐景公年轻的时候，也有着远大的政治理想，希望自己能够取得先祖齐桓公那样的功业。只是随着年龄的增加，养尊处优的生活渐渐地消磨了理想的光芒。此时齐国有一个大夫叫田乞，经常用公家的大斗借给百姓粮食，到秋后却用自家的小斗收回，百姓们因此都感念田氏的恩惠，对公室则怨声载道。齐景公对此虽心知肚明，但耽于游乐，无暇顾及。一日，景公问孔子："治理国家最为核心的工作是什么？"孔子说："当是君臣父子各安其位，做君、父要有君、父的样子，做臣、子要恪守臣、子的礼节。"景公听罢拍手赞叹道："说得好极了！如果像你们鲁国那样，君不像君、臣不像臣、父不像父、子不像子，即使粮食再多，我哪能吃得到啊！"孔子看到自己的提醒只是让景公有了坐稳君位的庆幸，并没有认识到齐国的危机，不禁有些失望。但在接下来的会见时，仍然忍不住根据景公的奢靡享乐，提议他为政要节俭、要多施惠于民。景公看到孔子这样持之以恒，且言辞恳切，处处为自己谋划，心下颇为感动，便打算把尼溪这个地方封给孔子，借以考察一下他实际的执政能力。

这个消息很快就在齐国的臣子中传播开来，没想到首先遭到了老臣晏婴的反对。晏婴对齐景公说："像孔子这类年轻的儒者往往能言善辩不能用法度来规范；高傲自大，自以为是，不能任为下臣来使用；崇尚丧礼，尽情致哀，为了丧事隆重不惜倾家荡产，不可将这形成习俗；四处游说乞求官禄，不能任用他们治理国家。他们所推崇的礼乐，繁琐到从幼到老都学不完，甚至连续几代都不能穷尽其中的学问。国君打算用这一套来强大齐国，恐怕不是好办法！"晏婴是齐国的三朝元老，为人忠俭正直，所言又不无道理，景公听后便放弃了重用孔子的打算。孔子尚不知情，遇到机会，仍热切地和景公探讨齐国的治理，几番下来，景公便有些不耐烦，他只好说："我不能像鲁国对待季孙氏那样，给你大权在握的上卿之位；我也不会像鲁国对待孟孙氏那样，给你毫无权力的下卿之位。我给你的待遇，只能在季孙、孟孙之间啊。"

景公的话对信心满满的孔子来说无疑是当头一棒，左思右想之后，他找了个机会想让景公再次听听他关于治理国家的主张，景公长叹了一口气说："孔丘啊，我年纪老了，精力也不济，无法任用你了。"孔子失望极了，颓然地回到住所。年轻的弟子们又听别人说齐国的大夫要加害他们，大家都有些恐惧。孔子便不再迟疑，命人打点行装，把淘好的米从锅里捞出来，急急忙忙地踏上了回国的路途。

这一日走到了临近鲁境的嬴、博之地时，正好赶上吴国的贤公子季札出使齐国，不幸的是陪他一起来的长子却病逝于路上，季札便在嬴、博就地安葬。孔子带着弟子们参观了季札为儿子举行的葬礼后又继续前行，终于回到了鲁国。

为政于鲁

　　孔子在齐国大约活动了三年，回到鲁国时已是鲁昭公二十七年（前515），他自己也已经三十七岁了。此时的鲁昭公依然漂泊在国外，政局仍然由季氏把持。孔子觉得时局动荡，从政并非只有当官一条路，若是能够用《诗》《书》上所讲的孝顺父母、友爱兄弟的道理影响年轻人，形成良好的社会风气，也是参与政治的一种方式，于是便把所有精力都用于开门授徒。因为自己早年求学历程艰辛，孔子深知平民之家的孩子学习《诗》《书》《礼》《乐》四教的不易，所以他的学校有教无类，不拘身份贵贱，即使像公冶长那样入过监牢的人都可前来学习，于是弟子越来越多，甚至很多其他国家的人都慕名将孩子送到这里。

除了不拘门第招收学生，孔子在教学上还有很多创举。比如在学习上，他反对死学知识，要求学生善于思考，能够学以致用。他说："《诗经》这本书，可以用一句话来概括，就是'思想纯正'。但即使把《诗》三百篇背得滚瓜烂熟，派他处理政务，不能用《诗经》中的知识完成；让他当外交使节，不能用《诗经》中的词句应对，这又有什么用呢？"他还要求学生要有远大的理想，他认为学会了礼、乐这类知识，虽然可以做个相礼的儒生，能够养家糊口，但他更希望他的学生们能够凭借这些知识，做一个有益于国家治理的君子之儒，而不是只汲汲于自己生计的小人之儒。

孔子重视礼乐，但他反对弟子们只关注礼乐的外在形式，而忽视践行礼乐时人的那种深厚的情感和道德力量。这种情感和力量，孔子把它称作"仁"。他说："你们天天说礼呀礼呀，难道只是指玉帛之类的礼器吗？天天说乐呀乐呀，难道只是指钟鼓之类的乐器吗？一个内心没有仁德的人，他怎么能真正践行礼，怎么能真正欣赏乐呢？"在孔子看来，仁才是礼乐的根本，如果没有仁这种深厚情感与道德力量作为内在支撑，礼、乐就只会流于形式，就如同人徒有躯体，而缺少灵魂。

有一次，一个叫宰我的学生对孔子说："父母死后，要守孝三年，这个时间太长了吧！君子三年不习礼仪，礼仪就会荒疏；三年不奏音乐，音乐就会忘掉。旧一年的粮食吃完了，新一年的粮食又已登场，取火的燧木也是经过一个轮回，守孝一年也就行了。"

孔子听后问宰我："父母死后不到三年就吃精米饭，穿锦缎衣，你心安吗？"

"心安！"

"你觉得心安，那你就这样做吧！君子在父母去世一年之内，伤心之情让他吃美食不觉得香甜、听音乐不觉得快乐、住在家里不觉得舒适，因此不能这样做。而你却觉得心安，那你就那样做吧！"

宰我退下后，孔子感叹地说："宰我这个孩子不够仁厚啊！子女出生三年才能完全脱离父母的怀抱。替父母守孝三年，天下人都觉得应当。宰我他自己难道没有得到过父母的三年怀抱之爱吗？"

但更多的时候，孔子对待弟子们，不仅是一位老师，更像一位和悦的父亲。公冶长少时家贫，还曾无辜获罪，但孔子了解他本性良善，便把自己的女儿嫁给了他。南容特别喜欢《诗经·大雅·抑》中"白圭之玷，尚可磨也；斯言之玷，不可为也"几句诗，没事的时候就在那里诵读，孔子听了后，知道他这是时刻提醒自己言语要谨慎。孔子很喜欢南容的这种性格，便做主把自己的侄女许配给他为妻。

　　孔子与弟子们朝夕相处，熟悉每一个孩子的性格，因此在教学的过程中，往往都能根据他们不同的特点，进行不同的启发和点拨。有一次，子路问老师："听到什么道理，立刻就要实践起来吗？"

　　孔子说："你有父亲兄长在，怎么能听到些道理马上就去实行呢？"

　　过了一会，冉有也来问了同样的问题："听到什么道理立刻就实践起来吗？"

　　孔子说："是的，听到后应该就去实行。"

　　公西华听到孔子这前后迥异的回答，忍不住问道："子路问'是否闻而后行'，老师您说有父兄在，不必马上实行。冉有也问'是否闻而后行'，您却说应该闻而即行。同样的问题，不同的答案，我实在想不明白，所以向您请教一下。"

孔子说："冉有为人懦弱，所以要激励他的勇气。子路勇武过人，所以我要让他学会遇事谦退。"公西华听了，这才明白了老师的苦心，不免为自己刚才对老师的怀疑而有些惭愧。

孔子自己在教书授业的过程中，也获得了极大的满足，尽管已经四十岁了，但他仔细回想一下自三十岁立下培养君子儒之志后这十年的经历，依然觉得没有任何后悔和困惑的地方。他说："不去培养品德，不去讲习学问，听到义在那里却不能去追随，有缺点而不能改正，这些才是我所忧虑的。至于平常粗茶淡饭，弯起胳膊当枕头，这其中也有不可言传的乐趣。而通过不正当的手段得来的富贵，对于我来说就像浮云一般。"

教学之余，孔子经常带着弟子们在鲁国都城的各处参观典礼，考察礼俗，然后再组织他们到郊外进行演习，熟悉礼典的程序以及仪容。这一天，弟子们在泗水边的一处高台上演习求雨的雩祭。此时碧空如洗，骄阳之下的泗水像一匹丝帛，飞星溅沫地穿过两岸的白杨与绿柳，向远方逶迤而去。孔子望着流逝的泗水出神，惊觉自己回鲁已历十余年，但他所期待的天下有道的清明政局并未出现。昭公在公元前510年客死国外，定公继位，但鲁国公室与三桓的矛盾并未因昭公的去世而有所缓解，而消逝的时光却像眼前这泗水一样，日夜不停地向前奔袭流去。

转眼又十年过去了，孔子已是一位五十岁的老者了。从五十岁开始，孔子喜欢研究《周易》，这部原本用作占卜的书，却让孔子从中体悟到这世上没有任何一样东西能永远保持不变的道理，而做人做事就是要顺应自然和世事变幻，适时而动。孔子觉得，自己这些年不辍学习，对周公制定的礼乐制度的知识积累应该足够了，四季轮回，人的年寿有时而尽，是时候寻找机会到实际的政事中去实现匡扶礼乐制度的理想了。

孔子急于从政的心情，渐渐地连弟子们也感受到了。一天，在弟子中以善于言辞著称的子贡问孔子："老师，如果这里有一块美玉，是把它放在柜子里收藏起来好呢，还是找一位识货的商人把它卖掉好呢？""卖掉它，卖掉它！"孔子急切地说："我就正在等待识货的商人上门呢。"

没想到"商人"很快就来了。春秋时期，每个大夫在自己家里也设置有相应的管理岗位，负责管理家里所有事务的官职叫"家宰"，管理封地上城邑的官职叫"邑宰"。鲁国的执政是季桓子，季氏的家宰阳虎在季氏家操纵多年，早已不把季氏放在眼里，于是趁着季平子去世不久，季桓子年幼，便准备于鲁定公八年（前502）发兵反叛，借机除掉三桓，取而代之。阳虎的作乱计划也使季氏的邑宰公山不狃有了效仿之意，他决定积聚力量，静待时机。听说孔子在都城声望甚高，手下有才能的弟子众多，公山不狃觉得如果能够吸纳孔子的加入，将来不仅胜算更大，也有利于平息和引导社会舆论。于是公山不狃就向孔子发出了邀请。孔子从政心切，又觉得这确是为鲁国摆脱三桓统治的机会，便想应邀前往，没想到遭到了弟子子路的坚决反对，子路不满地说："没有地方去就算了，何必跑到公山弗扰（即公山不狃）那里去呢？"

孔子说："那召我去的人，岂会让我白去一趟呢？如果有任用我的人，我就会使周朝的德政在东方复兴。"话虽这么说，子路的反对还是让孔子冷静下来，想到阳虎、公山不狃作为陪臣能够背叛季氏，这样的人如若成功了，必将也会像季氏一样专鲁，孔子终于还是没有赴约。

但阳虎事变却也使鲁国的执政季氏发现了孔子从政的愿望以及他的社会影响力。出于改善政局以及塑造自己重贤纳士形象的需要，阳虎之乱平息的第二年，季氏便向孔子抛出了橄榄枝，任命他为中都（今属山东汶上）宰。这一年，是孔子自齐归鲁的第十四个年头，而孔子也已经五十一岁了。

中都是鲁国西北部的一个城邑，孔子虽第一次进入政坛，但多年对《诗》《书》等典籍的学习和思考，使他对如何管理百姓丝毫都不陌生。他首先从礼制入手，如制定棺椁的通行尺寸。然后又要求按照人的体力强弱分配工作，对老年、中年、幼年的饮食供给也有所不同，同时对那些路不拾遗、日常用具注重实用而不追求雕饰的做法给予奖赏。这些措施很快改变了中都的社会面貌，百姓们安居乐

孔子为司寇像

业，尊老爱幼，买卖双方诚信无欺，男女之间依礼而行，周围的邑宰都竞相来中都参观学习。

孔子斐然的政绩，引起了鲁国公室的注意。一年后，鲁定公召见孔子时问道："用您治理中都的办法治理鲁国，怎么样？"在中都一年的实践，使孔子对自己的为政之道越发自信了，他诚恳地回答说："以道德教化来治理政事，就会像北极星那样，自己安然居于固定的方位，而群星都会环绕在它的周围。这种方法，用来治理天下也是没问题的，何况只是一个鲁国呢！"鲁定公听了孔子的话非常高兴，当即决定任命孔子为司空。

司空是管理工程建设的官职，但在鲁国，大司空一职常年由孟孙氏世袭，所以孔子担任的是小司空，相当于大司空之下的副职。孔子任司空的时间并不长，鲁定公十年（前500）便晋升为大司寇。大司寇是鲁国中央政权中和三卿（司徒、司马、司空）并列的官职，位同卿大夫，主管司法工作。孔子之时对诉讼的处理，主要是由贵族官吏依据习惯而定。孔子断案却从不只听一面之词，总是把了解情况的人悉数请来，充分听取和分析他们的意见之后再做裁决，并为他们讲明自己所依循的礼制以及背后的道理。他说："用政令来治理百姓，用刑法来规范他们，老百姓只求能免于犯罪受惩罚，却没有廉耻之心；用道德引导百姓，用礼制去教化他们，百姓不仅会有羞耻之心，而且有心悦诚服的归顺之意。审理案件，我其实并不比别人高明，我这样做的目的不过是希望尽量避免人们陷入打官司的境地。"

做了大司寇的孔子虽然位同卿大夫，但在乡长面前，他仍然谦逊淳朴；在朝廷之上，他更加庄重谨慎。和上级谈话，他条分缕析，公正不阿；与同僚工作，则言辞和悦，平易近人。孔子总是用最为得体也是最为合礼的方式与人交往，一派温柔敦厚的谦谦君子形象。

夹谷会盟

阳虎作乱失败后逃到了齐国，便蛊惑齐景公攻打鲁国，声称只要进攻三次，就一定能成功。景公被他说动了心，幸好鲍文子识破了阳虎利用齐国报复鲁国的阴谋。而此时的鲁国自孔子任司空、大司寇之后，仅仅经过一年多的治理，曲阜的百姓大都知礼明德，各安其业，呈现出自昭公去国之后少有的安定繁荣景象。这个消息很快传到了邻国齐国。此时齐国的国君仍是和孔子打过交道的景公，他早年领教过孔子的学识，现在听说孔子入政坛不到两年便令鲁国面貌为之一新，不免有些后悔当时听任孔子归鲁了。而此时的齐国正在与晋国争雄，鲁国过去依附于晋，为了让鲁国服从自己的控制而削弱晋国在东方的势力，齐国的大夫黎弥认为孔子不过是个知礼而无勇之人，因此建议齐景公约鲁定公在夹谷（今属山东济南莱芜区）举行会盟，趁机劫持鲁定公，迫使其永久服从齐国。

夹谷是齐国的南境，与鲁国的北境相距不远。鲁定公准备赴会，任命孔子作为他的相礼。春秋时代，两个诸侯国君相会的相礼，必须由上卿担任。孔子时任大司寇，且又知礼，早年又到过齐国，与景公有过交往，担任此职位自是再恰当不过了。孔子认真分析了此时齐、鲁的关系，对鲁定公说："我听说外交场合，必须要有军事准备；战争场合，也必须要有外交配合。文治与武功要交相为用，我希望您要带着军队的统帅左右司马去。"鲁定公采纳了孔子的建议。

会盟如期举行。夹谷是夹谷山的一处岭道，林木苍翠，为齐鲁两国的交通要道。此时在中间一处开阔的空地上，已经搭起三级台阶的土台和环台而筑的临时院落，作为会盟所用的坛和宫。会盟开始，齐景公和鲁定公相互揖让登台就席，双方随行的人员依次列于阶下。彼此行献酬（互相敬酒）之

夹谷会盟图

礼过后，齐国的相礼提议表演当地舞乐助兴。于是一群曾被齐国俘虏的夹谷当地的土著居民便手持旗旄以及矛、戟、剑、盾等兵器鼓噪而出，意欲趁乱劫持定公。孔子见此情景，完全不顾登坛的礼节，三个台阶两步就迈了上去，挺身走到台上一边挡在定公的前面，一面对着鲁国的甲士说："将士们上！两国国君举行和好的盟会，而边远夷人俘虏却用武力捣乱，这不是齐国国君礼待诸侯的方法。边远地区的人不可能图谋中原，夷人不可以扰乱华夏，俘虏不能干预盟会，武力不可能逼迫友好。这样做是对神灵不敬，对于人是失礼，齐君必定是不会同意这么做的。"齐景公看着孔子咄咄逼人的目光，又望了望台下严阵以待的鲁国兵士，只好摆摆手，让那些来人退下。

齐国的大夫犁弥见劫持鲁公的举动没有得逞，便在盟誓时单方面在盟书上加了一句话：以后齐国出征时，如果鲁国不出三百辆兵车相从，便是破坏此盟。孔子当机立断，让鲁国大夫作揖回答说："如果齐国不把侵占鲁国的汶阳之田归还鲁国，作为鲁国兵车相从的供给需要，也是破坏此盟约。"

盟誓结束，景公打算设享礼款待鲁定公，孔子怕夜长梦多，便对齐景公的爱臣梁丘据说："齐鲁两国过去的惯例，您怎么没听说呢？盟会已经结束，却又设享礼，这是给执事增加劳累。而且牺尊、象尊不出国门，雅乐不在野外合奏。设享礼如果全部具备这些，就是抛弃礼法。要是不具备，又像用秕谷稗草那样轻率。用秕谷稗草是君主的耻辱，抛弃礼法，名声不好。您何不考虑一下呢？所谓享礼，就是用来宣扬德行的。不能昭明德行，就不如不举行。"结果最终就没有举行享礼。盟会之后，齐国依约被迫把侵占的汶阳地区的郓、讙、龟阴三地归还给了鲁国。这一年，孔子五十二岁。

夹谷之会的胜利为鲁国赢得了暂时和平的外部环境，也为孔子赢得了鲁定公和执政季桓子的赞赏和信任。夹谷之会结束后，受季桓子的委托，孔子开始由大司寇代理季桓子处理国事并参与国事的讨论。这是孔子一生在政坛上最为高光的时刻，只可惜这道光芒极为短暂，很快便随着堕三都计划的失败而消失了。

周代实行分封制，各国的卿大夫都有自己的采邑。所谓三都，是指鲁国叔孙氏的郈邑、季孙氏的费邑、孟孙氏的郕邑。这三个采邑被三桓经营多年，不仅城墙高大，军事力量也极为雄厚。三桓作为国之重臣，长期居住在都城曲阜，三都基本上都是由家臣负责管理。时间一长，这些家臣便产生了利用军事优势反叛家主的想法。先是鲁定公八年（前502）季孙氏的家臣阳虎叛乱，接着是定公十年（前500）叔孙氏的家臣侯犯以郈叛。孔子行摄相事之后，有机会参与到国家政事的讨论中，便于鲁定公十二年（前498），援引古制，认为郈、费、郕三都的城墙高大，超越了古礼的规定，应予以拆除，以免被野心分子利用。这就是堕三都的主张，其实质是想弱化三桓的力量，加强鲁君对国家的实际统治，以改变鲁国公室长期受制于三桓的局面，故而受到鲁定公的坚决支持。而此前三桓中季孙氏和叔孙氏都曾发生过家臣作乱的事情，情急之下也觉得孔子的建议确实是解决心腹之患的好办法，便也都不反对，季氏还派接替阳虎作为家宰的子路亲自指挥堕三都的行动。

堕郈进行得很顺利，公孙武叔亲自带兵，很快将郈邑的城墙拆除。子路堕费时公山不狃、叔孙辄带领费人趁机袭击鲁国都城曲阜，定公和季孙、孟孙、叔孙三人躲入季氏家，登上武子高台。费人攻打至季氏家，孔子命令申句须、乐颀下台领军反扑，费人战败，国人乘胜追击，最终在姑蔑打败了他们。公山不狃、叔孙辄出逃齐国，堕费也取得了成功。子路打算任命子羔为费邑宰，季桓子则有意请孔子的另一个弟子闵子骞，闵子骞坚决地对来人说："请帮我坚决辞去这个官职吧！如果还要找人再来，那我就搬到汶水之上去了。"

　　在准备拆毁孟孙氏封地郕邑的城墙时，却遭到了郕邑宰公敛处父的坚决反对。公敛处父为人头脑机敏，擅长用兵，他对孟懿子说："我数十年对您忠心耿耿，并且深深不耻阳虎、侯犯、公山不狃这些人的行为，所以才在阳虎叛乱时鼎力支持季氏。我现在不同意堕郕邑，并非为我个人考虑，而完全是出于对鲁国与孟氏的担忧。就鲁国来说，郕邑位于鲁国北境，紧邻齐国，毁掉这个军事重镇，齐人就可以长驱直入都城曲阜的北门。就孟氏来说，郕邑是您最大也是最后的保障，没有了郕邑，也就

礼堕三都图

没有了孟孙氏。孔子是您的老师，您不能公开反对，那您就假装支持堕郕，我则全力保全不去毁掉它。"孟懿子觉得公敛处父的分析很有道理，于是便暗中支持公敛处父全力抵抗，堕郕邑的计划就这样从夏天拖到冬天，直至这年的十二月，鲁定公眼看季孙氏、叔孙氏终无相助之意，便单独采取行动，结果失败而归。

堕郕失败让孔子心力交瘁，想到曾经追着自己问孝的弟子孟懿子，却并不能理解自己堕三都的深意和苦心，五十四岁的他病倒了，好长时间都无法下床。鲁定公前来看望，孔子虽然已无法下地施礼，但仍然让弟子把上朝的礼服盖在身上，手持佩带，面朝国君，竭力不让他看出自己忧戚的情绪。待定公走后，他戚然长叹说："没有人了解我啊！"子贡说："为什么这样说呢？"孔子说："不埋怨老天，不责备人，下学人事而上达天命。了解我的大概只有上天吧！君子所循的三个方面，我都没能做到：仁德的人不忧愁，智慧的人不迷惑，勇敢的人不惧怕。"子贡说："这是老师您对自己做人标准的要求啊！"

堕三都的失败也让孔子失去了季氏的信任。弟子子路在季氏家做家宰，子路帮助季氏平息了公山不狃的叛乱，一度也颇得季氏的信赖。堕郈邑的失败，再加上一个叫公伯寮的人在季桓子面前讲了很多子路的坏话，季氏便开始对子路疑忌了。有个叫子服景伯的人把这种情况告诉了孔子，说："季孙氏已经被公伯寮迷惑了，凭我的力量可以让公伯寮横尸街头。"孔子淡然一笑说："五十岁之后，我就懂得了天命的道理，道将要实行，是天命决定的；道将要被废弃，也是天命决定的。公伯寮能把天命怎么样呢？"话虽这样说，失望的阴影还是越来越笼罩了孔子的心，对天道规律的熟稔和对人事的洞察使他预感到，自己的政治理想在鲁国已走到了尽头。

女乐文马

  经过了夹谷之会，齐国君臣越发地意识到，孔子在鲁国执政，对齐国是一个巨大的威胁。对孔子非常了解的齐景公尤其感受到了这种危机，因为夹谷之会后不久晏婴便去世了，而他放眼所及，齐国实在没有一位臣子可以媲美孔子的才学与能力。于是他便在早朝的时候组织卿大夫们一起商量，曾经提出夹谷之会的黎弥又提议到："我们应该设法离间鲁定公与孔子的关系，不管孔子多么精明强干，如果鲁定公不信任他，或者不想作为，他孔子又能怎么样呢？"大家都觉得他的话有道理，于是齐国便以亲善的名义给鲁定公和季桓子送去能歌善舞的八十名美女和一百二十匹装饰华丽的骏马。这些美女和骏马来到了曲阜的城门外，鲁定公听说后，不敢贸然接受，派季桓子去处理。季桓子也怕引起孔子的注意，便穿上便衣，偷偷混在百姓的队伍中观看，一看之下，大为惊艳，再也顾不上担心孔子的反对，立刻将美女和骏马迎进城，君臣二人从此沉迷于观舞听乐，一连三日都没上朝听政。

消息传到了孔府，子路对孔子说："老师，我们可以走了。"孔子沉思了一会儿说："再等等看，到了春天便马上要举行郊祭了，我还要以大夫的身份参加。如果祭祀之后他们仍依照古礼送给我一份祭肉，就说明他们只是一时糊涂，还没忘记依礼治国，那就可以再留一留。"鲁国郊祭如期举行，但孔子却没有等到送来的祭肉。孔子的内心被失望深深地煎熬着，想着自己曾信心满满地对弟子们说："齐国的政治稍一改革，便可以达到鲁国的这个样子；鲁国的政治稍一改革，就可以进入符合大道的境界。"但现在，一切似乎都化为了泡影。于是，他决定带着子路、颜回、子贡、冉求、宰我、高柴等弟子出国漫游，看看其他国家有没有实现自己理想的机会。

女乐文马图

临行前，孔子亲自到防地祭扫了父母的墓地，并在墓地上积土四尺，形成一个圆圆的高丘。弟子不解其意，孔子沉痛地说："古代的墓上确实是不积土的，但现在我将是一个四方奔波的人了，不知多少年后才能回来，不在墓地上做个标记，怕将来找不到啊！"天空突然下起了大雨，弟子们请孔子先回家，等他们回来时，孔子问："为什么归来得这么迟啊？"弟子说："墓上的积土被雨水冲坍了。"孔子没有说话，弟子们以为老师没听到，一连报告了三遍，还是得不到回应。正想再说一次时，才发现孔子泪流满面。他伤心地说："我听说过，古人是不在墓上积土的，积土被损坏，想必是父母不愿改变旧俗吧。但有了上次不知父亲墓地的经历，我这么做也实在是无奈之举啊！"

鲁定公十三年（前497）初春的一个清晨，孔子和弟子们出发了。他们这一行的目的地是卫国。卫国地处中原，西渡黄河去晋，或者由卫向南，去郑、陈诸国以至荆楚，交通都很方便。更重要的是，卫国与鲁国国境相邻，如果鲁定公改变心意，孔子回国也极为便捷。卫国的政治环境也不错，从前吴国的季札游历中原各国，曾经说卫国的君子很多，不会有大的祸患。这些对孔子来说，确实都是比较理想的。但对于一个五十五岁的老人来说，离开自己的父母之国，还是有太多的眷恋和不舍，他们沿途休憩，走走停停，弟子们都觉得走得太慢了，孔子说："孩子们，我走得慢，实在是因为不忍心离别父母之国的缘故啊！"

这一天，孔子一行来到了鲁国南部边境一个叫屯的地方，走出这里，便是卫国的土地了。季桓子派了一名叫师己的乐师前来送行，孔子见其终无挽留之意，便说："我唱一首乐歌，请你带回给季桓子吧！"

　　　　那些女子的口，

　　　　可以把人逼走；

　　　　那些女子的话，

　　　　可以丧国败家。

　　　　从此我可以宽心游荡，

　　　　快乐地打发时光。

师己回去之后，将这首乐歌唱给了季桓子听，季桓子知道这是孔子对他接受齐国女乐的批评，但终于还是没有挽留孔子。

子见南子

　　暮色苍茫，原野上只有一条蜿蜒的小路，伸向远方，几骑车驾伴着随行数人，日夜奔波，此时已来到了卫国的都城帝丘（今属河南濮阳）。卫国地处中原，境内黄河、淇水、濮水流过，水土肥沃，人口稠密。孔子感慨地说："帝丘的人真多啊！"正在驾车的冉有说："人多了，该做什么呢？"孔子说："使他们富起来。""富起来后，又该做什么？""使他们受教育。"孔子到了卫国，便被子路的妻兄颜浊邹接到家中。卫灵公听说孔子声望很高，又做过鲁国的上卿，不仅很快接见了孔子，而且非常礼敬。听孔子说在鲁国时"奉粟六万"，即领取实物薪水粮食约二千石，便也慷慨地给出了这样的待遇。这份薪水足以保障孔子一行近十人的生活所需，孔子觉得自此可以在卫国安心住下来了。

没想到一场政治变故正在卫国酝酿。起因是卫国已故贤大夫公叔文子的儿子公叔戍，这个官二代一点没有其父的温良谦厚，不仅恃富而骄，而且蛮横跋扈，卫灵公本来就非常不喜欢他。可公孙戍不仅不知收敛，还想伺机铲除卫灵公夫人南子的党羽，被南子知道后告发，卫灵公便趁机驱逐他及其同党，公叔戍被迫逃到了他的采邑蒲（今属河南长垣），准备在那里发动叛乱。孔子在鲁国就对公叔戍的父亲公叔文子多有敬佩，来到卫国后便利用闲暇多方收集公叔文子的嘉言懿行，而公叔戍也听说了孔子博学多识，便经常向他请教一些有关丧礼方面的知识，如此一来，二人便多有交往。公叔戍的不轨之心使卫灵公对孔子也产生了猜忌，便派一位叫公孙余假的人在孔子住所的附近窥探监视。孔子觉得既然得不到卫灵公的信任，留在卫国也难有作为，住了十个月后，于鲁定公十三年（前497）十月离开了卫国。

孔子此行想去陈国，他们一路向南，在经过一个叫匡（今属河南长垣）的地方时，给孔子驾车的颜刻用马鞭指着城墙的一处豁口说："从前我和阳虎就是从这里进城的。"听到这话的匡人回头一看，见长得和阳虎颇为相像的孔子站在车上，急忙跑去向邑宰匡简子汇报。原来鲁定公六年（前504）的时候，阳虎曾带兵侵袭匡地。匡简子听到汇报，以为阳虎又来侵扰，便立即带领甲士前去追捕，孔子与部分弟子被冲散，孔子和一些弟子被围困在城中的一座空房子里。

围困一直持续了五天，形势越来越危险，一些弟子渐渐有了恐慌情绪。孔子镇定地安慰他们说："周文王去世后，周朝的文化传统不是由我们来传承吗？所以我开办学校，你们来学习。若是上天想要灭绝周朝的文化传统，那就不会让我们来继承并学习那些知识；若是上天不想灭绝这种文化传统，小小的匡人又能把我们怎么样呢！"孔子坚定从容的心态极大地鼓舞了弟子们，他又悄悄派出随从赶往卫国找到了贤大夫宁武子的后人求援。宁武子的后人派人赶到匡地，证实孔子并非阳货，匡人才发现这是个误会，于是解除了包围，释放了孔子等人。在这次围困中，颜回被匡人冲散，大家解围后才找回来。孔子看着心爱的弟子，伤感地说："我还以为你死了呢！"

"您老人家尚在，我怎么敢死呢？"颜回坚定地回答说。

孔子师徒便继续往前走，两天之后经过蒲邑（在匡城北）。没想到一进入蒲邑，另一场危难又悄然降临。蒲地是公叔戌的采邑，此时的公叔戌正想依靠蒲地发动叛乱，听闻孔子经过，便想请孔子和弟子们支持自己。孔子当然不能听从，随行弟子中有个叫公良孺的，长得高大威猛，他自己带了五辆车子跟随孔子周游各地。他对孔子说："我们刚跟着老师在匡地遇到祸乱，如今又在这里遇上危险，这就是天命吧！宁愿跟他们拼死算了！"于是就和子路、冉有等人一起跟蒲人猛烈地打斗起来。公叔戌看到孔子和弟子们态度坚决，便和孔子和谈，声称只要他们答应不去卫国，就可以放他们离开。孔子答应了，双方还订立了盟约，蒲人便放孔子师徒从东门离开。刚走出蒲邑不远，孔子就让驾车的弟子转往卫国帝丘的方向。子贡疑惑地问：

"盟约难道也可以违背吗?"孔子说:"在胁迫下订立的盟约,神明是不会认可的!"

卫灵公听说孔子回来的消息非常高兴,而孔子在蒲地的做法也让他完全放下了对孔子的怀疑,他热情异常,亲自到郊外迎接,询问孔子对讨伐蒲地的看法。孔子说:"蒲地的叛乱只是以公叔戍为代表的几个人的想法而已,百姓们更想安居乐业,并不真心支持他们,若要讨伐,只不过是战胜那三四个头目而已,是很容易成功的。"卫灵公觉得孔子分析得很有道理,但仍然下不了决心,直到鲁定公十四年(前496)春,公叔戍逃到鲁国,卫国也没有讨伐蒲地。

卫灵公的礼遇再加上公叔戍之乱的结束,让孔子又看到了在卫国实现自己政治理想的希望。孔子之所以如此寄希望于卫国,就是因为他觉得鲁、卫两国的政局极为相似,他经常说:"鲁国和卫国的政事就像俩兄弟一样。"为了能够更快地进入政坛,孔子终于还是接受了卫灵公夫人南子的召见。

南子原是宋国人,年轻貌美,聪慧机敏,深得

子见南子图

卫灵公的宠幸，对卫国的政局有着很大的影响力。虽在深宫之中，她对孔子的博学也早有耳闻，现在听灵公说这位老先生竟然来到了卫国，便派人对孔子说："四方来的尊贵客人，凡是瞧得起我们国君的，没有不来见见我的，我也很愿意接见他们，以增长自己的见识。"南子为人名声不佳，又凌驾在君主之上，干预国政。对于这样一位特殊的政治人物，孔子本不想相见，故而委婉辞谢。但南子数次相邀，孔子也急欲在卫国有所作为，最终还是同意去见南子。南子听说孔子是礼学大家，便端坐在帷帐之中，认真地欣赏孔子拜见自己时的步态仪容，然后也学着孔子的样子在帐中回拜。孔子看不清她的面容，只闻得她身上的环佩叮当作响。

回到家后，孔子向学生介绍了和南子会见的情形。子路觉得老师这么大年岁却去接受一位风流女人的召见，实在有失体面，脸上不知不觉中流露出一副不高兴的神色。孔子与子路名为师生，年纪却只差九岁，相交多年，早已是亦师亦友了。他知道子路是怕南子不检点的坏名声影响到自己这个老师的形象，为了平息他的愤怒，便指天跺地地发誓说："如果我不是心存求政的希望才去见了她，就让老天爷罚我不得好死！就让老天爷罚我不得好死！"

孔子这次回到卫国，卫大夫蘧伯玉派使者邀请孔子住到了自己的家中。孔子给使者设了座位，而后问："蘧老先生最近在做些什么？"使者回答说："他老人家想少犯些错误却还没能做到。"使者回去了。孔子说："好一位使者！好一位使者！"蘧伯玉一生侍奉卫献公、卫殇公、卫灵公三代国君，主张以德治国，和孔子的政治理念有相似之处。住在蘧伯玉家的孔子，经常和他畅谈自己的政治理想，两人结下了深厚的友谊。孔子曾将卫国的史鱼和蘧伯玉放在一起对比评价："史鱼真是正直啊！国家有道，他的言行像箭一样直；国家无道，他的言行也像箭一样直。蘧伯玉也真是一位君子啊！国家有道就出来做官，国家无道就辞退官职把自己的主张隐藏在心里。"

孔子在卫国上层的努力终于还是有了结果，弟子们陆续得到了任职的机会，子路还被派到刚刚发生公叔戍之乱的蒲地作邑宰。临行前，孔子对他说："蒲地民风彪悍，有很多壮士，治理难度大。你到了那里，一定要恭谨待人，这样勇敢的人才会被你折服；处事要宽正，才能团结到百姓；对自己也要严格要求，便不会辜负信任你的君主。"弟子们都找到了施展才华的地方，孔子却仍然无法进入卫国政坛，只是作为一名博闻多识的学者，不时被灵公召去问这问那。卫灵公经常和南子坐车同行，招摇过市。有一次，他们也邀请孔子参加，灵公和南子坐在第一辆车上，孔子坐在第二辆车上，最后一辆坐的是太监雍渠。卫灵公觉得这是对孔子的礼遇，孔子却觉得自己俨然成了卫灵公表演礼贤下士的道具，深以为耻。

孔子从政不顺，闲暇时便在屋里击磬。恰巧有一位挑着草筐子的人从门前经过，他侧耳细听了一会院子里传出的磬声说："这个人所击的磬声中流露出另一番心思呀！"过了一会又说："从这抑而不扬的磬声中可知，击磬者见识狭小又鄙俗，他这是在埋怨无人了解自己。无人了解就独善其身罢了，又何必去埋怨呢？这道理就像过河一样，水深，索性穿着衣裳蹚过去；水浅，那就撩起衣裳走过去。"孔子听了门人的描述后叹道："这话说得很深刻呀！可惜不容易做到啊！"

孔子在卫国一共居住了四年多。鲁哀公二年（前493）的一天，闲谈中卫灵公问到孔子军队列阵之法。孔子回答说："祭祀礼仪方面的事情，我比较熟悉；用兵打仗的事，我从来没有学过。"第二天，孔子便离开了卫国，看着渐行渐远的帝丘，孔子感慨地说："假如有人用我管理国家，一年之内就可小有成效，三年便能成效显著。"

这一次孔子打算去晋国试试，结果刚刚来到黄河边上，便传来了晋国执政赵简子杀害了窦犨鸣犊和舜华的消息。孔子站在黄河岸边，对身边的弟子们说："黄河之水浩浩荡荡，可是我却不能渡过了，这也许是天命吧。"子贡问道："老师，您这话是什么意思？"孔子说："窦犨鸣犊和舜华是两位贤人，当初赵简子未得志时，全赖他们出谋划策，赵简子对二人恭敬有加，现在他手握晋国政权，却把他们杀了。我听说如果对牲畜有剖腹取胎的残忍行为，麒麟就不肯来到这个国家的野外；如果有竭泽而渔的行为，蛟龙就不肯来降雨；如果毁坏了鸟巢、鸟蛋，凤凰也就不肯飞来。这是因为同类被残害而伤心的缘故。鸟兽尚且如此，难道我能对这样的事无动于衷而再去投奔赵简子吗？"

于是孔子又回到了卫国。结果刚到卫国，便传来了卫灵公去世的消息。继位的是卫灵公的孙子辄，即卫出公。但卫出公的父亲即先太子蒯聩此时仍在晋国逃亡，晋国为了更方便地控制卫国，便支持蒯聩回国继位，眼看着一场父子争国的祸乱就将暴发。弟子们想知道孔子会支持谁，便派能说会道的子贡前去打听。子贡进屋向孔子施了一礼后说："老师，伯夷、叔齐是怎样的人呢？"

"那可是古代的贤人啊！"孔子感慨地说。

"他们最后饿死在首阳山时会后悔吗？"

"这两位贤人，一生都在追求仁，最后也得到了仁的评价，又有什么后悔的呢？"

子贡所说的伯夷、叔齐是古代孤竹国君的两个儿子，为了互相推让君位，二人逃到首阳山隐居。孔子对伯夷、叔齐的称赞，让子贡明白孔子不赞成卫出公父子争位，认为他们都违背了仁的准则。于是便出门对同门宣布说："大家都不要疑惑了，我们的老师谁也不会支持。"

于是，已经五十九岁的孔子，再次决定离开卫国南下，打算到陈国去。

丧家之犬

  此次去陈国，孔子沿着由北向南的路线，最先经过曹国，但并没有得到曹国官方的接待，然后便来到了宋国。宋国是孔子的祖籍之地，也是其家世最为荣光的时期。早年为了考察殷礼，他还在此小住了一段时间。几十年过去了，这里的草木依旧，让孔子别有一番亲切之感，所以便打算在此停留些时日。这一日天气十分闷热，孔子便带领弟子们出了馆驿，信步来到一株古树下。这古树巍峨挺拔，叶冠相叠，虬枝交错，浓绿如云。孔子端坐在树荫下，一边给弟子讲读仪礼，一边指导他们演习。突然，从远方飞奔而来一队车马，他们大声嚷嚷着说："我们的大司马说这棵大树挡在路上，车马行走多有不便，让我们马上砍掉它。"说完便不容分说地砍起树来。孔子一听是宋国大司马下的命令，心里便明白了一切。大司马是宋国主管军事的官员，现在由桓魋担任。桓魋是宋桓公的后裔、向戌之孙，为人骄横残暴，为了追求死后的不朽，他要工匠给他做一套巨型的石棺，众多工匠历时三年仍无法完工，个个累得虚弱不堪。孔子在路上听了工匠们的诉说后，当时便气愤地说："与其这样奢侈让活人受罪，还不如叫他死后早些烂掉。"孔子对这种伤害活人的生命去造福死人的做法向来鄙视，就连那些制作人俑陪葬的人，孔子也骂他们会断子绝孙。现在桓魋公然为了死后尸骨的不朽，而让众多工匠受罪，孔子更是气愤非常。今天桓魋派人来找茬，显然是听到了自己让他死后早些烂掉的话。经历过匡、蒲的围困，弟子们都有些紧张，簇拥着孔子想尽快离开这是非之地。孔子却相当平静，他朗声说道："我的品德是上天所赋予的，桓魋能把我怎样呢！"既像是安慰弟子们，也像是说给那些挑事者。孔子想，自己马上要六十岁了，以后也不会有机会再来，本打算在自己的祖籍所在地再多住

习礼树下图

些时日，但弟子们为了老师的安全，纷纷劝他早日离开。孔子没办法，只好穿着便服，离开了宋国。弟子们为了防备桓魋的追捕，便分批撤离，在出了宋国南门后又改道西进，打算前往郑国。

郑国的都城在新郑（今属河南新郑），孔子最先从宋国出发，不几日便来到了新郑的东门。后出发的弟子们还在路上，孔子便在新郑的东门外等弟子们聚齐后一起进城。由于连日来穿着便服风餐露宿地赶路，此时孔子的外表有些狼狈，看上去就是一个穷愁落魄、失意潦倒的老头。

弟子们相继来到新郑附近，却不知老师走的是哪一个城门，子贡只好逢人就打听老师的下落。一个郑国人听了子贡的描述后说："东门那里今天站着一个人，他的额头像古时的尧，脖子像尧时有名的法官皋陶，肩膀很像我们郑国的子产，不过自腰以下和大禹差三寸。这个人长得很体面，却一副疲惫不堪、无精打采的样子，看上去甚是狼狈，好像一只无家可归的狗，不知是不是你们的老师。"子贡谢过这位郑人，忙带着其他弟子一起赶往东门，果然见到孔子正伫立于城下。小别重逢，师徒都喜出望外，当听到子贡描述寻找自己的经历后，孔子不禁开怀笑道："说我很像那些古圣先贤，这可不敢当。倒是他把我比作丧家之犬，却是很像啊，很像啊！"

孔子对郑国的先大夫子产极为敬重，早年听说子产去世的消息后，曾泪流满面地评价子产是古代遗留下来的仁爱之人。此时的郑国也正在动荡之中，自子产去世之后，国内矛盾尖锐，外又有晋、楚两国虎视眈眈，郑国君臣自然无心于孔子。孔子一行便从新郑起程南下，沿着淮水的支流洧水向陈国进发。

受困陈蔡

　　鲁哀公三年（前492），孔子一行来到了陈国。陈国是地处南方的一个妫姓小国，与郑国、宋国、蔡国接壤，远邻则是强大的楚国和刚刚打败越国正志得意满、趾高气扬的吴国。陈国的开国国君，相传是大舜的后代，但在时任国君陈湣公身上，这祖上的光环早已荡然无存了。陈国常常受到楚、吴两国的欺凌，楚灵王在世时，甚至还一度灭了陈国。要不是继任的楚平王为了在诸侯国中得到一个好的政治声誉又让它复国，此时的陈湣公估计连像越王勾践那样卧薪尝胆的机会都没有。

　　陈湣公是陈国复国后的第三任君主，他在政治上没有什么雄心大志，对勾践那样苦哈哈的复仇方式颇不以为然，故而他对楚国似乎没存什么灭国之恨，对他的父亲陈怀公死于吴国也没记什么杀父之仇。他只想守着这个国家平平安安、平平淡淡地过好每一天，诸如继祖上之伟业、创图强之辉煌这种官员们经常在他耳边唠叨的说辞，在陈湣公这里，都可以当它不存在的。平庸的陈侯却也有一个优点，那就是他虽然听不进去大夫们的劝解，但他却知道，能够恳切进谏甚至痛哭流涕的这些大夫，都是他值得尊重和信任的，相当于国之柱石，比如说司城贞子。

司城贞子其人其事已经失考，司城当是他的官职。"贞"的本义是占卜、卜问，占卜需要人来操作，于是便把从事占卜工作的人称为贞人。大概能够卜告求神、求得福佑，必定是品行端正的人，所以"贞"字又引申出言行一致、正直守信的意思。这位司城以"贞"或名或字或谥，都说明他应该是位正直而又忠于职守的人，故而深得陈湣公的信任。孔子刚来到陈国，就住在司城贞子的家里。司城贞子将孔子特别郑重地推荐给了陈湣公，陈湣公一听对方是位博学多闻的中原名人，又看到司城贞子那种发自肺腑的赞誉和敬重，便将孔子师徒待为上宾，让其住在陈国最好的馆舍里。

陈湣公听闻孔子博学，便经常召见孔子，向他请教一些考古博物之类的问题。有一天，从天上掉下来一只被箭射中的鹰隼，正好掉在陈国的宫廷前。宫人们拔掉鹰身上的箭，发现这种箭谁也没见过。楛木做的箭身，石头做的箭头，箭杆有一尺八寸长。陈湣公在朝廷上遍问群臣，谁也说不清此箭的来历，于是就派人把孔子请来。孔子看了看这支箭，就对陈湣公和他身边的几位大夫说："这鹰是从遥远的北方而来，这箭是肃慎人的箭。当年周武王灭商之后，九夷百蛮都来进贡，北方的肃慎国就献了这种石簇楛箭。武王为了让后代永远记取先人的功业，便命人在箭杆上刻上了'肃慎氏之贡矢'几个字，并把它送给了自己的长女大姬。大姬后来许配虞胡公，虞胡公被封于陈。天子分配珠玉给同姓诸侯，是表示对亲缘关系的重视；分配各地贡品给异姓诸侯，是要他们别忘记对周王室的从属关系，归服周王，守卫疆土。陈是周王朝分封的异姓诸侯，因此便把肃慎氏的贡矢赐给了陈国。如果到贵国保存古物的府库中找一找，应该还能找到。"
陈湣公忙派人去府库中查找，果然找到了这种箭。
这才知道司城贞子的推荐所言不虚，对孔子的学识
更加敬佩。

孔子到陈国不久，鲁国的宫城就发生了火灾，
火势从西边的司铎（官府名）烧起，越过公宫，
一直烧到了东边的宗庙。孔子听到后，伤感地说：
"大概烧的是桓公和僖公的庙吧。"过了几日，孔
子的猜想得到了官方的证实。陈湣公大为惊叹，他
对子贡说："我现在才知道圣人是多么了不起！"

由于受到陈侯的礼遇，孔子便在陈国安心住了
下来，虽然政治上陈湣公无开拓之意，对孔子的政
治主张也不感兴趣，但他对孔子的尊重，极大地提
升了孔子在陈国的声望，陈国的一些青年纷纷来向
孔子求学，如陈亢、子张等。甚至一些其他国家的
学生，听闻孔子在陈，也纷纷慕名前来拜师。

孔子自鲁定公十三年离开鲁国，在中原诸国历
经六年的辗转流离，终于在陈国获得了短暂的安
适。教学之余，他经常带着学生到宛丘（今属河南
周口市淮阳区）游览。宛丘是陈国都城内的一处高

地，中央宽平，四周古木成荫。陈人好巫，这里经常举行巫祭歌舞，孔子师徒在这里感受到了不同于中原诸国的异域风情。

闲暇下来的时候，孔子越来越思念鲁国。鲁哀公三年（前492）的秋天，孔子六十岁了。六十岁的孔子，听到任何事情，都能立即明辨是非。也是这一年，鲁国的季桓子生了一场大病。一天，卧床多日的季桓子让人用辇车拉着自己到外面散心。当他看见远处鲁都的城墙时，想起了当年孔子堕三都的事情，叹了一口气说："以前我们这个国家本来是可以兴盛起来的，就因为我得罪了孔子，迫使他周游列国，才使鲁国失去了强盛的机会。"桓子回过头看着身边的嗣子季康子说："当年我对不起孔子，迫使他离开鲁国，漂泊在外。你执政后，如果辅佐鲁君，一定要把孔子请回来！"

没过几日，季桓子便去世了，季康子做了鲁国的执政，便打算按照父亲的遗命召孔子回国。但贵族公之鱼当场表示反对说："从前我们先君没有将孔子用到底，结果在诸侯中落下笑柄；今天您又要用他，如果再不能用到底，不更惹诸侯耻笑吗？

不如从孔子门下召些可用的弟子回来更合适。"季康子也觉得孔子德高年长，如果请他回来，自己执政的权威性便会遭到威胁，于是便依公之鱼所言，派使者到陈国召冉有回国作自己的家臣。在外已漂泊了六年的孔子，预料冉有此去将会得到季氏的重用，感叹地说："回去吧，回去吧！我们家乡的年轻人奋发上进，志向远大，文采斐然可观，我还不知如何去提携他们呢！"子贡听出了老师对鲁国的思念，便在送冉有起程的时候嘱咐他：如果你回到鲁国后得到季氏赏识，一定要想办法召老师回国。

孔子又在陈国住了近三年的时间，还没等来鲁国的召请，陈国却动荡再起。公元前489年，吴国大举攻陈，楚国的军队由楚昭王带领，驻扎在城父（今属安徽亳州），帮助陈国抵抗吴国的进攻。孔子此前接待过楚昭王奉币前来邀请他去楚国的使者，并称昭王承诺会把书社地七百里封给他。所以便和弟子们商量，决定离开陈国，到楚国去。从陈国到楚国，必须经过蔡国，战争使路上到处都是仓皇逃难的人们。孔子一行从宛丘出发，想去楚国的负函（今属河南信阳），两地之间正是吴、楚多年

在陈绝粮图

交兵的地带，百姓大都逃离，到处荒无人烟，根本找不到宿馆。孔子一行只好或露宿旷野，或藏身废屋，在陈、蔡的旷野中艰难行进。更为雪上加霜的是，孔子师徒又被一伙乱兵团团围住。原来是陈、蔡两国的大夫听闻了楚昭王欲聘请孔子的事，怕孔子辅佐楚王后，让楚国更加强大，对陈国、蔡国不利，于是便调集人马，将孔子师徒围困在野外，不让他们前往楚国。

几日过后，粮食吃光了，饥饿使有些弟子病倒了，但孔子仍然照常给他们讲学，自己也照常弹琴、唱歌。看着老师饥肠辘辘却从容不迫的样子，子路既难过，又生气。他问孔子："凭什么有道德、有学问的君子还要遭受这种困厄呢？"孔子看着子路，语重心长地说："越是这样的时候，越能看出君子与小人的差别。君子即便身处逆境，也会固守内心的操守，贫贱不移，毫不动摇；小人身处逆境，就容易想入非非，胡作非为。"子路的疑问使孔子意识到，这种困惑也许每个学生都有。于是，他又问子路："《诗经》中说：'我们不是犀牛，也不是老虎，却在空旷的原野中疲于奔命，这是什么缘故呢？'难道是我们一直以来坚持的仁道主张错了吗？我们有何错误言行，以至于落得如今被围困的地步呢？"

子路想了想，说："恐怕是我们的仁德不够，人们才不相信我们；或者是我们的智慧不够，人们才不愿实行我们的主张。"

"由啊"，孔子叫着子路的名字："假如有仁德就必然有人相信，为什么伯夷、叔齐会被饿死呢？假如有智慧就一定能行得通，为什么比干的心会被剜掉呢？"

子路答不上来，孔子又问子贡同样的问题。子贡说："老师的思想太高深了，所以到处不能相容，老师您要不把思想降低一下吧！"

"赐啊"，孔子叫着子贡的名字说："一个好的农夫好好种地，却并不一定就有好的收成；一个工匠能够做出精妙的物品，却并一定就符合别人的需求；一个想要有所作为的人，有他自己的思想主张，能用法令制度来规范国家，用自己的政治学说来治理臣民，却不能保证一定会为世道所容。如今，你不但不想着怎样章明自己一贯奉行的思想主张，反而去想怎样降低标准被世人接受。你的志向和目光太短浅了！"

孔子又问一直若有所思的颜回。颜回说："老师您的理想远大，所以到处不能相容。但老师还是要坚持这种理想，别人不能接受，那是他们的事。思想和主张不够完善昌明，是我们的耻辱；思想和主张已经完善而不见用，那是各国当权者的耻辱。正确的主张不被人采纳，但仍坚持下去，这才正是考验我们作为君子的本色啊！"

颜回的回答让孔子很欣慰，他哈哈一笑说："正是这个道理呀，你小子若是将来发达了，我愿意去给你做账房先生！"

弟子们听了孔子的玩笑，心情轻松了许多，也加深了对老师思想和操守的理解，大家决定派子贡去负函找人来救援。终于在被围困的第七天，大家几乎奄奄一息之际，驻守楚国边邑的大夫叶公听子贡说了孔子被困的事，便派兵前来搭救，保护孔子师徒来到了负函。

楚狂接舆

孔子到负函时已经六十三岁了，这一年是鲁哀公六年（前489）。负函的执政者是楚国的大将沈诸梁，因为他的封邑在叶（今属河南叶县），习惯上称之为叶公。叶公同陈湣公一样，对孔子非常尊重，经常向他请教一些政治问题。负函这一带停留了大量蔡地的难民，叶公是一位武将出身，治理方法有时不免简单粗暴。恰逢叶公问政，孔子便根据这种情况说："为政之要就是使近处的百姓都喜悦而拥护你，使远处的人都向往前来归附你。"叶公觉得孔子的话很有道理，心悦诚服地说："我知道这个目标并不容易达到，但我还是会努力地践行您的方法。"

因为听闻孔子做过鲁国的大司寇，叶公也经常和孔子探讨刑律诉讼的问题。他说本地有一个人，为人非常的正直，他的父亲偷了别人的羊，他自己就站出来告发了父亲。孔子听后说："在我的家乡，正直的人却与这位儿子不一样。儿子犯了错，父亲替儿子隐瞒；父亲犯了错，儿子也替父亲隐瞒，正直便包含在其中了。"叶公依据现实主张依法治理，认为儿子可以告发父亲；而孔子则依据古礼，认为父子之间可以相互批评，却不能互相诉讼。二者之间的政见有所差异，使叶公有时并不能完全理解孔子的想法。一次，他问子路："你的老师究竟是怎样的一个人呢？"子路一时答不上来，回到居所后跟孔子说了这件事，孔子说："仲由啊，你为什么不告诉他，我孔丘这个人啊，学习起来就会忘记吃饭，快乐起来就会忘记忧愁，奋发努力乐于此道甚至感觉不到衰老将要到来。"

楚国地处长江中游，其山川风物与地处黄河流域的国家有很大的不同。多年漫游求仕的经历，再加之楚昭王在城父的突然病逝，孔子明白自己在楚国的从政已没有希望。在坚持日常讲学之余，他经常在弟子们的陪同下，到各处漫游，足迹遍及叶、巢、沧浪等地。有一天，他们在叶邑附近迷了路，看到不远处的地头上有两个人拿着耜在并肩耕作，孔子便派子路去打听渡口所在。

面对子路的问题，其中一个叫长沮的耕者问道："那位在车上执马缰绳的人是谁？"

子路说："那是我的老师孔子。"

"是鲁国的孔丘吗？"

"正是。"

"那他应该知道渡口在哪里啊！"子路听出他这是在嘲讽老师明知人生渡口却执迷不悟，便只好又去问另一个耕者桀溺。桀溺说："你是谁？"

子路说："我叫仲由。"

"是孔丘的门徒吗？"

"是的。"

桀溺拄着耕耜说："普天之下到处都像滔滔洪水一样混乱，你要跟谁去改变这种状况呢？你与其跟从那位到处逃避坏人的孔丘，还不如跟着我们这样逃避污浊尘世的人呢。"说完便继续用耜覆盖播下去的种子，再也不肯搭理子路了。子路明白这是

接舆狂歌图

在劝自己放弃追随孔子而选择隐逸，回来一五一十地告诉了孔子。孔子听后有些怅然若失，长叹一声说："人是不能和鸟兽合群共处的，我不和世人在一起又能和谁在一起呢？如果天下太平，符合正道，那我也就不用带着你们一起改变它了。"

还有一次，子路落在了队伍的后面，恰巧遇见一位用拐杖挑着竹筐的老人，子路侧立一旁，朝老人鞠了一躬，毕恭毕敬地问道："您看见我的老师了吗？"老人听后白了他一眼，没好气地答道："四体不勤，五谷不分，谁是你的老师？"说完就把拐杖插在地上继续除草。子路不知如何是好，就拱着手站在那儿。等到老人干完了活，天色已黑，抬头看见子路还站在那里一动不动。老人被子路虔诚有礼的态度所打动，就邀请子路到他家里过夜，杀鸡煮饭热情地款待他，并让他的两个儿子出来与子路相见。第二天，子路追上了孔子，把这件事讲给老师听。孔子说："这可能是位隐者。"便要子路再去见一见，结果子路又回到了那里，老人却已经不见了踪影。

孔子一生所遇的隐者，大部分都在楚国。有一天，他们驾车出行，一位叫接舆的楚国狂人从孔子的车子旁经过时，突然高声唱起歌来："凤凰啊，凤凰啊！你为什么要自降其德呢？过去的已经不能挽救，未来的还来得及改正。算了吧，算了吧！现在天下无道，那些从政的人多么危险呀！"孔子听后急忙下车，想要同他交流一下。接舆见状马上快走几步避开孔子，留下孔子一个人站在原地怅然若失。这时子路走上来望着接舆离开的方向说："我觉得这些隐者说的天下有道就出仕，天下无道就不做官是不对的。正像长幼间的关系是天然不可能废弃的一样，君臣间的关系又怎么能废弃呢？想要自身清白，却破坏了君臣关系。君子出来做官，只是为了昭示世间是存在君臣之义的。至于大道的难行，我们其实早就知道了！"孔子深深地看着子路，眼神中满是欣赏：经过几年的颠沛求索和刻苦学习，这个弟子早已一改青年时代的鲁莽粗野，变得沉稳而睿智了，而这并不逊于自己从政入仕的收获啊！

《诗》《书》雅正

　　孔子离开楚邑负函，大约是在鲁哀公九年（前489）的夏秋之际。他们这次北上返卫，拟定的路线是经陈、仪、蒲，直抵卫都帝丘。没想到刚刚走到陈国，孔子便生了一场重病，许多天都不见好转，弟子们都十分忧虑，子路作为弟子中年纪最长的师兄，责无旁贷地负责起对病中孔子的照料。他一方面安排弟子们为老师的病情向神灵祈祷，同时也做了最坏的打算，打算让弟子们扮作家臣，以大夫之礼为孔子送葬。等孔子病情好转之后，听弟子们说起这件事，不禁为子路对自己的不理解而生气，他当众数落说："仲由你干这种骗局由来已久了吧？我本来没有家臣，却要你们扮作家臣，这是要我欺骗谁啊？欺骗老天爷吗？何况，我与其死在家臣之手，还不如死在你们这些学生身边，这不更好吗？即使我死后不能以大夫的待遇下葬，我难道会死在路上吗？"

待体力稍有恢复之后，孔子便催促着众人和他一起上路。他们来到了宋国西北的边邑仪这个地方，受到当地人的欢迎。仪邑守边的小官请求拜见孔子，他说："凡是经过我们这里的君子，我没有不见上一见的。"门人同意了他的请求，仪封人见完孔子后说："你们这些人害怕丧失什么呀？天下失去秩序的时间已经很久了，上天这是把你们的老师当作警醒世人的木铎啊！"仪封人的评价是整个漫游过程中极为少见的对孔子师徒的肯定，它像一眼甘泉，深深地滋润着这群为道求索、为道受难的人们。

从仪前行百余里，到达蒲地，进入卫国的南境，帝丘便不远了。午间休息的时候，子路问孔子："此次如果卫君请您去辅助他治理国家，老师将从什么事做起呢？"

孔子说："那一定要先正名分！"

子路很不以为然地说："有这必要吗？您可真是太迂腐了！何必要正名分呢？"

孔子说："你真是粗野啊，仲由！君子对于他所不知道的事情，总是采取存疑的态度，不会像你这样明明不懂却随意评价。名分不正，说起话来就不顺当合理，说话不顺当合理，事情就办不成。事情办不成，礼乐也就不能兴盛。礼乐不能兴盛，刑罚的执行就难以得当。刑罚不得当，百姓就不知怎么办好。所以，君子一定要定下一个名分，必须能够说得明白，说出来一定能够行得通。君子对于自己的言行，是从不马虎对待的。"

来到卫国的孔子又在此居住了五年，弟子冉有和子贡都先后被鲁国请回去担任了要职且都建有功勋，这让季康子不禁对孔子刮目相看。鲁哀公十一年（前484）的一天，季康子对冉有说："我想请孔老夫子回来，你看可以吗？"冉有说："可以是可以，但是千万别再听小人的谗言冷落他了。"季康子于是派出三位使者，带着厚礼，迎接孔子回国。

经过十四年漂泊的孔子，终于在六十八岁这一年，回到了阔别已久的鲁国。此时的鲁国刚刚在对齐作战中取得了胜利，孔子的归来又将这种喜庆的气氛推向了高潮。孔宅一如当年离开的样子，只是从前自己亲手所植的树木如今都已郁郁苍苍。听到儿子孔鲤说起夫人亓官氏亡故的事情，孔子神色黯然，自己十几年的漂泊，全赖夫人和儿子辛苦持家，原以为几年即可归来，却没想到竟将生离熬成死别。

孔子归鲁后，并没有担任具体的官职，只是以一名国老的身份，参与一些政治问题的讨论。鲁哀公请教孔子："怎样才能治理好国家？"孔子说："治理国家的要点在于选择好臣子。"季康子也问孔子："怎样才能治理好国家？"孔子回答说："'政'的意思就是端正，您自己先做到了端正自身，谁还敢不端正呢？"季康子说："如果我杀掉坏人，以此来亲近好人，怎么样？"孔子说："您治理国家，怎么想到用杀戮的方法呢？您要是好好治国，百姓也就会好起来。君子的品格如风，小人的品格像草。风从草上刮过，草一定会随风摇动。"季康子又问："那要使百姓恭敬、忠诚并互相勉励，该怎么做？"孔子说："如果您用庄重的态度对待他们，他们就会恭敬；如果您能孝顺父母、爱护幼小，他们就会忠诚；如果您能任用贤能之士，教育能力低下的人，他们就会互相勉励。"季康子觉得孔子的政见虽有道理，但其实都是要自己这个执政首先严格要求自己，渐渐地便失去了向孔子求教的兴趣。孔子对季氏也越来越失望。不久，季康子违礼去祭泰山；又兴兵讨伐小国颛臾，孔子因此狠狠地批评了正在做季氏宰的冉有，认为他对家主违礼之事不能挺身力谏，没有践行自己教授的臣子之道。

孔子归鲁前，季氏便想改革田赋制度增加赋税，孔子归鲁后，让冉有征求孔子的意见。孔子说："君子行事的标准，要根据礼来衡量。施舍要力求丰厚，事情要做得适中，赋敛要尽量微薄。季氏如果要按周公之礼行事，用不着来问我；如果不想按规矩来做，又何必来问我呢？"孔子的意见并没有阻止季氏的贪念，鲁哀公十二年（前483）春，鲁国实行了新的田赋制度。从此季氏变得比周天子左右的卿士还富有，可冉有还为他到处搜刮，增加他的财富。孔子气得须发震颤，对着众弟子说："从现在开始冉求（即冉有，名求）已经不是我的学生了，你们大家可以大张旗鼓地去口诛笔伐他。"

鲁国的政局让孔子心灰意冷，回国之时对复兴鲁国有多期待，此时就有多失望。国事令他难过，家事也令他忧伤，鲁哀公十三年（前482），儿子孔鲤也抛下他与其母亲团聚去了，只剩下他和年幼的孙子孔伋相依为命。现在连心爱的弟子也与自己的主张分道扬镳，孔子感到从未有过的孤寂。转过年，传来了齐国上卿田成子（又叫陈桓）杀死齐简公的消息，孔子斋戒沐浴三天，面见鲁哀公和三桓，请求鲁国出兵讨伐陈桓，以正君臣之义，但最终遭到拒绝。

一日，子贡来看老师，孔子拉着他的手说："这世上没有人理解我呀。我以后不想说话了。"子贡说："您如果不说话，那我们这些学生传述什么呢？"孔子说："天说什么话了吗？四季照样运行，万物照样生长，天说什么话了吗？"子贡理解老师的无奈，师徒二人执手而坐，默然无语，唯任那日影渐渐向西，直至在墙外完全隐没。

退修《诗》《书》图

孔子归鲁后仍然从事教学工作，自他归鲁的消息传出，尤其是那些平民出身的弟子都纷纷跻身政坛的经历，让太多的平民子弟看到了改变命运的希望，因此慕名前来求学的人络绎不绝。对这些新入学的学生，孔子主要让子夏、子游这类对文献精通的弟子负责教授，自己则把大部分精力都用于整理古代的典籍。孔子之时的典籍并不多，主要有《诗》《书》《礼》《乐》《易》等经典，这些书籍在当时均用竹简写成，竹简之间用绳子连接。但长期的翻阅使绳子易磨损折断，孔子自己的那套《周易》，就因为他喜欢阅读，经常翻动，致使连接的牛皮绳被磨断了多次。这些断了绳子的竹简，次序极易发生错乱，对不熟悉书籍内容的人来说，便会留下完全错误的印象。更为重要的是，当时的《诗》都是和音乐、舞蹈一起用于典礼的，这些乐曲以前都有宫廷的乐师专门负责整理和传承。这些年鲁国的政局混乱，鲁哀公和季桓子自从接受了齐国的女乐之后，便爱上了这些市井之调，除了必需的典礼，谁也没有心思去欣赏这些宫廷雅乐了。宫廷中的乐师为了生活，被迫四处流散，太师挚到齐国去了，亚饭乐师干到楚国去了，三饭乐师缭到蔡国去了，四饭乐师缺到秦国去了，打鼓乐师方叔进入了黄河地区，摇鼗鼓的乐师武去了汉水一带，少师阳、敲磬的乐师襄到海滨去了。如此下去，当年曾被吴国季札叹为观止的鲁国的礼乐，恐怕很快便无人会演奏了。每想到这里，孔子便痛心不已，他用了几乎整整一年的时间，终于使《诗》《书》的次序以及"雅""颂"的乐曲都得到了系统地整理。

西狩获麟

虽然无法再亲自参与政事，但孔子一直没有停止对政事的思考。他从十五岁立志学习，直到三十岁立下"从周"之志，一生都在学习周礼、传承周礼、践行周礼中度过。参观洛邑以及典籍中所见的西周时期的礼器和人物，经常出现在他的梦中，那种雍容典雅，那种礼宜乐和，那种等级分明，那种宗族亲睦，都使他坚信，那是一段最美的华章，值得后人永远效仿。

但为什么仅仅几百年，这世道就变成这样了呢？诸侯胆敢用天子礼乐，家臣甚至和卿大夫剑拔弩张，在这些执政者中，杀掉君主的臣子大有人在，杀死父亲的儿子也不乏其人。而自己奔波半生，到处宣扬"君君臣臣父父子子"的周礼之道，却没有得到一个国家的采纳，这样的时局，难道真的就没救了吗？思来想去多日，孔子决定写一本书。他想，我与其像以前那样到处空洞地宣扬周礼，不如用周礼的标准去把那些历史上守礼、违礼的事情记录下来，让后世的人只要一看到这本书，便明白如何遵守礼制；同时也让他们知道，如果违反了礼制，也会像书上那些人一样，永远地被记录在历史的耻辱柱上。

想到自己身体日衰，完全重起炉灶恐无法完成，孔子便根据平时用于教学的鲁国史官所记的《春秋》，从鲁隐公元年开始，简化其文辞，删改其用语，将自己的正名思想贯穿其中：尊王攘夷，一字褒贬。对于弑君的乱臣贼子，一定要直书其名以记其恶。比如鲁隐公四年的时候，卫国的州吁杀了当时的国君卫桓公自立，《春秋》便记为："卫州吁弑其君完。"但如果君主因无道而被杀，如鲁成公十八年，晋国栾书、中行偃派程滑杀了晋厉公，《春秋》则书曰："晋弑其君州蒲。"并不出现弑君者的名字，以此显示对被弑君主无道的批评。对鲁国国君被杀害，为了讳本国之恶，便不用弑字，而直接记为"公薨"。如果弑君者没被讨伐，便不记录国君下葬的时间，以此来隐晦地批评那些鲁国臣子不肯为君讨贼的行为。

孔子就这样夜以继日地书写着。一位须发皆白的老人，房间里的竹简层层堆叠，像柴垛一样高，不管弟子们怎么劝，他都不肯稍作停歇。弟子子夏经常过来看看能否为老师分担一些。一日，他看到了"晋赵盾弑其君"这支简，便对孔子说："老师，晋灵公杀人无数，而且到处搜刮钱财、荒淫无耻，被杀也是应该的。而且我记得您上课讲过，这杀死晋灵公的，不是赵盾，而是他的弟弟赵穿。那您为什么还要这么写呢？"孔子说："赵盾是晋国的执政，灵公被弑时他虽在逃亡，但并未出晋国国境，那就还算是晋国的臣子；等到他回到朝廷后，又没有按照礼制讨伐杀死灵公的赵穿，这样在君主面前，他就是没有尽到执政臣子之礼，写上他的大名，理该如此，如果他一直逃亡不回来就好了。"子夏听了，才明白老师对这部《春秋》倾注了如此多的心血，里面真没有一个字是后人能够改动的啊！

鲁哀公十四年（前481），孔子七十一岁。这一年真是一个不幸的年头，接连发生了几件让孔子伤心欲绝的事情。先是这一年的春天，管理山林的虞人在曲阜西面的大野打猎，叔孙氏的一位名叫钮商的管车仆从捕获了一只奇怪的野兽，这只兽身子像獐，尾巴像牛，额头像狼，四蹄像马，身上生有五彩，腹部以下呈黄色，身高一丈二，无人认识，于是就用车载了回来。叔孙见此怪兽，以为不吉祥，便赐给了虞人。曲阜城都知道孔子博物，虞人便牵来请孔子辨认。孔子一看到这头野兽，眼泪便流了下来，他哽咽着说："这是麒麟啊！麒麟是仁兽，含仁怀义，叫起来声音像音乐，任何行动都合规矩，脚不践踏虫子，不折断青草。它不遇盛世是不会出现的，可它为什么现在来了啊！为什么现在来了啊！"虞人走了，可孔子却沉浸在悲伤中久久不能自解。暮色降临，他跟跄着走回屋内，在书案前沾墨提笔，于书简上写下了"西狩获麟"四个字后，便将笔掷于窗外，从此停止了《春秋》这本书的编撰工作。

西狩获麟图

更令人想不到的是，不久，弟子颜回病故，年仅四十一岁。在这些弟子中，颜回最受孔子信任。他从小家境贫寒，却不以为苦，聪颖好学，闻一知十，对孔子的学说理解得最为深入也奉行得最为切实。与其说是孔子的学生，不如说是孔子的知己。孔子经常对弟子们说："得到任用，就积极行动；得不到任用，就甘心隐居，只有我和颜回能做到这一点吧！"现在，这么年轻的弟子却先于自己去世，孔子又一次尝到了白发人送黑发人的痛苦，他哭得极为伤心："老天这是要我的命啊！老天这是要我的命啊！"弟子们担心他的身体，都纷纷劝他不要这样悲痛，孔子流着泪说："我很悲痛吗？我不为颜回这样的人而悲痛，我还能为谁悲痛啊！"弟子们听到这话，也纷纷地流下泪来。

但在如何安葬颜回的问题上，孔子和弟子们包括颜回的父亲颜路发生了分歧。弟子们主张厚葬，颜路也痛惜儿子一生贫困，请求孔子卖掉马车给颜回添一副椁（外棺）。孔子没有同意，他拉着颜路的手说："不管成不成材，我们当父亲对儿子的心意都是一样的。孔鲤死的时候，也是有棺无椁，没有办法啊！我现在有时还和朝中大夫来往，我不能把车卖了，然后步行跟在他们后面啊！"孔子并不是舍不得他的车子，而是孔子一贯主张丧礼要依据现实情况而定，不能脱离实际经济条件而一味追求厚葬，因此孔子没有答应颜路的要求。但弟子们仍然设法厚葬了颜回，孔子默默地在心里念叨着："颜回你把我当父亲一样看待，我却没有像对待儿子一样对待你啊！这不是我的意思呀，是你的那些同门要这样办啊！"

孔子还没有从颜回去世的哀恸中走出来，鲁哀公十五年（前480）末，又传来了子路在卫国惨遭杀害的消息。孔子离开卫国时，卫出公虽然即位，但是其父蒯聩却始终不甘心君位被儿子霸占。于是在卫出公十二年（前481）的时候，便偷偷潜回卫国争夺君位。卫国的大夫孔悝是蒯聩的外甥，他虽然不支持蒯聩回国复位，但他的母亲是蒯聩的姐姐，极为欢迎弟弟回国，于是便把蒯聩藏在孔悝家的菜园里，命下人拿着戈强迫孔悝参与蒯聩政变的歃血之盟。子路此时正在孔悝的采邑任职，闻讯后，急忙向城里赶。快走到城门的时候，正遇上时任卫国士师的师弟子羔。子羔说："师兄，卫出公已逃往鲁国，大局已定了，你还是快快回去不要进城白白送死了！"子路说："我拿了孔悝给的俸禄，就不能在他受难时离开。"此时城门已经关闭，恰好一个使者出城，子路便趁乱混进城门，只身闯入了孔宅。此时的孔悝已被蒉聩胁迫至高台之上，正准备歃血为盟，子路便对蒉聩说："大王为什么一定要任用孔悝呢？请让我捉住把他杀了！"见蒉聩并不中计，子路便扬言要放火烧了高台。蒉聩害怕了，便叫石乞、壶黡到台下去攻杀子路，二人斩断了子路的帽带。子路俯身捡起自己的帽子，系好帽缨，从容地说："君子可以死，但不能衣冠不整！"趁着这个空档，蒉聩之徒一拥而上，子路死于乱剑之下。

如果说安贫乐道、闻一知十的颜回像孔子的知己，那么为人真率、耿直敢言的子路则更像孔子的诤友，虽经常被孔子申斥，但对孔子的感情却最为真挚，孔子对这个弟子的性情也最为了解。故而卫国发生政变消息一传到鲁国，孔子便伤心地说："高柴（子羔）还可以安全回来，子路一定会死在那里啊！"他在院子的中庭祭奠子路，有人来吊丧，他便详细地打听子路死时的具体情形。听人说子路最后被剁成肉酱，孔子当场命人将家里的肉酱全都倒掉，流着泪说："我怎么能再忍心吃这种东西啊！"

万世师表

孔子病了。接连而至的哀恸，彻底摧毁了这位七十三岁老人的健康，他的身体越来越虚弱，渐渐地，连在屋外走动都变得十分困难。不过春天终于还是来了，微风轻轻地吹拂着，有时还会飘起如毛的细雨，荡开了嫩柳幽闭一冬的色泽，鹅黄嫩绿的，煞是好看。院墙根下的迎春花也都绽放了，黄茸茸的一丛又一丛。偶尔被弟子搀扶到院中的孔子，一边拄着拐杖欣赏着这悦目的景色，一边翘首望向门外，仿佛在期待着谁的到来。但门前只有农夫们荷耜走过，是啊，又到了春耕的时节，孔子想。

站累了，孔子便让弟子把自己扶回室内。这几日他只要闭上眼睛，便会陷入对往事的回忆，想的最多的就是他的这些学生。算来他一生执教，弟子众多，单是精通六艺的学生，也有七十多位。如果按照品行和专长来分的话，颜渊、闵子骞、冉伯牛、仲弓以德行著称，宰我和子贡以言语见长，冉有和子路擅长政事，子游和子夏精通文献，这十个人算是弟子中的佼佼者。这些孩子有的追随自己一生，陪着知其不可为而为之的自己一起体味从政的甘苦，一起忍受风餐露宿、颠沛流离，所幸这些年下来，他们都成长了，甚至都进入了政坛，成为君子，自己不能实现的理想，在他们这一代身上，也许可以实现了吧。孔子想起那年自己去武城，远远地就听到管弦和歌唱的声音。自己当时开玩笑说："杀鸡何必用宰牛的刀呢？"没想到正在做武城宰的子游马上直言不讳地校正自己："以前我听老师说过：'君子学习了道就会爱人，老百姓学习了道就容易使唤。'"自己当时那个尴尬呀，不过心里却高兴得紧，看来弟子们是把他礼乐治国的教导都听到心里去了，所以才会一有机会就在政事中亲自实践。孔子又想到当年子路被派去治理刚刚经过公叔戍之乱的卫国蒲地，不到三年的时间，自己再去看时，曾经满目疮痍的土地田垒齐整，水道宽深，城内垣墙和屋宇完好坚固，衙门里清静闲暇。记得当时自己不住地夸奖子路，子贡还有些不服气，但子路将蒲地治理得是真好啊！想着想着，孔子觉得宽慰了许多，自己一生虽从政时间甚短，但自己培养了这么些弟子，他们都还年轻，如果他们都能够将自己所学用于实践，总能让这个世道改改面貌吧。即使改不了这世道，这些孩子大都是穷苦出身，如今他们有了君子的情怀和理想，至少也能像颜回那样，即使身处困顿之中，也能够安然度日，不至于暴戾生乱吧。

想着想着，孔子便睡着了。最近他经常这样，似乎多年的疲惫此时全都找上门来。但其实每次都只是小睡一会儿，可他自觉却像睡了整整一天。他挣扎着坐起来，像是对身旁的弟子又像是自言自语地说："看来我最近衰老得太厉害了！我已经好久没有梦见周公了！"弟子们都知道老师欣赏周公，崇拜周公，也知道老师毕生所做的事情，就是希望将周公时期的政治和教化，永远地传承下去。现在听老师这样的感慨，都忍不住流下泪来。

　　弟子们决定把孔子重病的消息告诉给分散各处的师兄弟们。子贡听到消息，急匆匆地赶来探望。刚到门外，就听见了老师熟悉的歌声：

　　　　泰山要崩塌了吧！

　　　　屋梁要毁坏了吧！

　　　　哲人要凋落了吧！

子贡急忙跑至孔子面前，一边搀扶着老师一边说："泰山若是塌了，那我们仰望什么呢？屋梁若是毁坏了，我们倚仗什么呢？智慧超群的人若是死了，还有谁值得效仿呢？"虽然这么说，子贡还是感觉到老师这次病得很厉害。他把孔子扶进屋，让他倚几而坐。孔子喘了一口气说："赐啊，我一直在等你，你为什么来得这样迟啊！我听说夏代停枢在厅堂的东阶上，还保持主人的位置；殷人停枢在东、西两楹之间，是处于主、宾中间的位置；周人停枢在西阶上，那是置枢于宾位。我本是殷人，昨夜梦见自己坐在两楹之间，受人祭奠。想必是我要死

梦奠两楹图

了，那就将我的灵柩停在那里吧！"

从这天起，孔子一直卧床不起。七日后溘然长逝，享年七十三岁。

孔子的葬礼由他的学生主持，很多弟子都从远方归来。但不知道该为老师穿哪一等级的丧服。子贡说："之前老师在哀悼颜回时，大声痛哭就好像死去儿子一样，但是没有穿任何丧服。哀悼子路时也是这样。我们就同悼念父亲一样去悼念夫子，但也不穿任何丧服。"于是，弟子们就像父亲去世一样悲痛哭踊。鲁哀公也前来致祭，并为孔子作了一篇沉痛的悼词，悼词说："老天爷真不仁慈，不肯留下这位国老，以保障我的君位，把我一个人孤零零扔在这个世上。我孤独而又悲伤。啊，多么悲痛！尼父啊，您的离世，再没有人可以做我的楷模了！"孔子死后葬在了鲁城北面的泗水岸边，离孔鲤的墓不远。孔子生前反对随葬，故墓室中也没有任何随葬品。

安葬了孔子，弟子们还是不忍离去，于是便在墓旁为其守孝三年。三年心丧完毕，大家才各自离去。只有子贡在墓旁搭了一间小房子住下，守墓总共六年后才离开。渐渐地，越来越多的孔门弟子和鲁国人相继在孔子墓地附近筑室立家，陪伴孔子，定时祭扫，慢慢地形成了一个百余户的聚落，称为"孔里"。此后，鲁国世代相传，每年都定时到孔子墓前祭拜，而儒生们也经常来这里讲习礼仪，举行乡一级的饮酒礼以及比射等仪式。孔子故居的堂屋以及弟子们所居住的内室，后来就改成庙，用以收藏孔子生前穿过的衣服、戴过的帽子、使用过的琴、车子、书籍等，直到汉代，二百多年间没有废弃。汉高祖刘邦经过鲁地时，还用牛、羊、猪三牲俱全的太牢祭祀孔子。诸侯、卿大夫、宰相一到任，常是先去拜谒孔子墓，然后才去就职处理政务。

很多年以后，有一位叫司马迁的史学家为了撰写《史记》，曾亲自来到鲁地，瞻仰和考察了孔子的故里，并写下了《孔子世家》来记录孔子一生的事迹。在这篇文章的结尾，司马迁深情地写道："《诗经》上说：'巍峨的高山可以仰望，宽广的大道可以循着前进。'我虽然不能到达那里，但是心中一直向往它的境界。每当读孔子的书时，就犹如见到了孔子本人。后来我到了鲁国，看到孔子的祠堂、车子、衣服和礼器，看到许多儒生至今仍在他家里按时演习礼仪。我在那里徘徊流连，怎么也舍不得离开。按说天下的君王以及贤人是很多的，但他们大多是生前荣耀一时，死后便很快被人遗忘。与他们相比，孔子不过是一介平民，但到目前已经传了十几代，凡是读书的人都尊敬推崇他。从天子、王侯到平民百姓，世上只要研究六经的人，都会以孔子的学说作为准则，孔子堪称古今以来道德学问最高尚的人了！"

孔　子
生平简表

●◎一岁：公元前551年（鲁襄公二十二年）

_____

生于鲁国陬邑昌平乡（今山东曲阜城东南）。

孔子出生年月，各书记载不一，此据《孔子世家》。

●◎二岁：公元前550年（鲁襄公二十三年）

_____

孔子在鲁

●◎三岁：公元前549年（鲁襄公二十四年）

_____

其父叔梁纥卒，葬于防山（今山东曲阜东二十五里处）。

孔母颜徵在携子移居曲阜阙里，生活艰难。

●◎四岁：公元前548年（鲁襄公二十五年）

————————————

孔子在鲁

●◎五岁：公元前547年（鲁襄公二十六年）

————————————

孔子在鲁

弟子秦商生，商字不慈，鲁国人。

●◎六岁：公元前546年（鲁襄公二十七年）

————————————

孔子在鲁

为儿嬉戏，常陈俎豆，设礼容。

弟子曾点生，点字皙，曾参之父。

●◎七岁：公元前545年（鲁襄公二十八年）

————————————

孔子在鲁

弟子颜繇生，繇又名无繇，字季路，颜渊之父。

●◎八岁：公元前544年（鲁襄公二十九年）

————————————

孔子在鲁

弟子冉耕生，耕字伯牛，鲁国人。

●◎十岁：公元前542年（鲁襄公三十一年）

孔子在鲁

弟子仲由生，由字子路，卞人。

鲁襄公死，其子裯继位，是为昭公。

●◎十一岁：公元前541年（鲁昭公元年）

孔子在鲁

●◎十二岁：公元前540年（鲁昭公二年）

孔子在鲁

弟子漆雕开生，开字子若，蔡人。

●◎十三岁：公元前539年（鲁昭公三年）

孔子在鲁

●◎十四岁：公元前538年（鲁昭公四年）

孔子在鲁

●◎十五岁：公元前537年（鲁昭公五年）

孔子在鲁

孔子曰："吾十有五而志于学"。

●◎十六岁：公元前536年（鲁昭公六年）

孔子在鲁

郑铸刑鼎。

弟子闵损生，损字子骞，鲁国人。

●◎十七岁：公元前535年（鲁昭公七年）

孔子在鲁

孔母颜徵在卒。

●◎十八岁：公元前534年（鲁昭公八年）

孔子在鲁

●◎十九岁：公元前533年（鲁昭公九年）

　　孔子在鲁

　　孔子娶宋人亓官氏之女为妻。

●◎二十岁：公元前532年（鲁昭公十年）

　　孔子在鲁

　　子孔鲤生，鲤字伯鱼。

●◎二十一岁：公元前531年（鲁昭公十一年）

　　孔子在鲁

　　是年，孔子做"委吏""乘田"。

●◎二十二岁：公元前530年（鲁昭公十二年）

　　孔子在鲁

　　弟子南宫适（敬叔）生，适字子容，鲁国人。

●◎二十三岁：公元前529年（鲁昭公十三年）

　　孔子在鲁

●◎二十四岁：公元前528年（鲁昭公十四年）

孔子在鲁

●◎二十五岁：公元前527年（鲁昭公十五年）

孔子在鲁

●◎二十六岁：公元前526年（鲁昭公十六年）

孔子在鲁

●◎二十七岁：公元前525年（鲁昭公十七年）

孔子在鲁

郯子来朝。

●◎二十八岁：公元前524年（鲁昭公十八年）

孔子在鲁

●◎二十九岁：公元前523年（鲁昭公十九年）

孔子在鲁

●◎三十岁：公元前522年（鲁昭公二十年）

孔子在鲁

孔子云"三十而立"。

是年，齐景公与晏婴来鲁国访问。齐景公会见孔子。

弟子颜回、冉雍、冉求、商瞿、梁鳣生。回字渊，雍字仲弓，求字子有，瞿字子木，皆鲁国人；鳣字叔鱼，齐国人。

●◎三十二岁：公元前520年（鲁昭公二十二年）

孔子在鲁

弟子端木赐生，赐字子贡，卫国人。

●◎三十四岁：公元前518年（鲁昭公二十四年）

孟懿子和南宫敬叔学礼于孔子。

孔子与南宫敬叔适周问礼于老聃，问乐于苌弘。

●◎三十五岁：公元前517年（鲁昭公二十五年）

鲁国发生内乱。孔子到齐国。

●◎三十六岁：公元前516年（鲁昭公二十六年）

孔子在齐

在齐闻《韶》，三月不知肉味。

●◎三十七岁：公元前515年（鲁昭公二十七年）

齐大夫欲害孔子，孔子由齐返鲁。

吴公子季札聘齐，其子死，葬于瀛、博之间。孔子往，观其葬礼。

弟子樊须、原宪生。须字子迟，鲁国人；宪字子思，宋国人。

●◎三十八岁：公元前514年（鲁昭公二十八年）

孔子在鲁

●◎三十九岁：公元前513年（鲁昭公二十九年）

孔子在鲁

是年冬天，晋铸刑鼎，孔子曰："晋其亡乎，失其度矣。"

●◎四十岁：公元前512年（鲁昭公三十年）

孔子在鲁

自云"四十而不惑"。

弟子澹台灭明生，灭明字子羽，鲁国人。

●◎四十一岁：公元前511年（鲁昭公三十一年）

孔子在鲁

弟子陈亢生，亢字子禽，陈国人。

●◎四十二岁：公元前510年（鲁昭公三十二年）

孔子在鲁

昭公卒，定公立。定公名宋，昭公之弟。

●◎四十三岁：公元前509年（鲁定公元年）

_____

孔子在鲁

弟子公西赤生，赤字华，鲁国人。

●◎四十五岁：公元前507年（鲁定公三年）

_____

孔子在鲁

弟子卜商生，商字子夏，卫国人。

●◎四十六岁：公元前506年（鲁定公四年）

_____

孔子在鲁

弟子言偃生，偃字子游，吴国人。

●◎四十七岁：公元前505年（鲁定公五年）

_____

孔子在鲁

弟子曾参、颜幸生，参字子舆，幸字子柳，皆鲁国人。

●◎四十八岁：公元前504年（鲁定公六年）

_____

孔子在鲁

● ◎ **四十九岁：公元前503年**（鲁定公七年）

孔子在鲁

弟子颛孙师生，师字子张，陈国人。

● ◎ **五十岁：公元前502年**（鲁定公八年）

孔子在鲁

自谓"五十而知天命"。

公山不狃使人召孔子。

● ◎ **五十一岁：公元前501年**（鲁定公九年）

孔子在鲁

孔子为中都宰，治理中都一年，卓有政绩，四方则之。

弟子冉鲁、伯虔、颜高、叔仲会、曹䘏生，鲁字子鲁，虔字子析，高字子骄，会字字期，皆鲁国人；䘏字子循，蔡国人。

● ◎ **五十二岁：公元前500年**（鲁定公十年）

孔子在鲁

孔子由中都宰升小司空，后升大司寇，摄相事。

夏，随定公与齐侯相会于夹谷。

●◎五十三岁：公元前499年（鲁定公十一年）

孔子在鲁

孔子为鲁司寇，鲁国大治。

●◎五十四岁：公元前498年（鲁定公十二年）

孔子在鲁

孔子为鲁司寇。为削弱三桓，采取堕三都措施。

弟子公孙龙生，龙字子石，楚国人。

●◎五十五岁：公元前497年（鲁定公十三年）

春，齐国送八十名美女到鲁。季桓子接受女乐，君臣不理
朝政。

孔子离鲁到卫。

十月，孔子受谗言之害，离开卫国前往陈国。

路经匡地，被困。后经蒲地，遇公叔氏叛卫，被困。

后又返回卫国国都。

● ◎五十六岁：公元前496年（鲁定公十四年）

孔子在卫

孔子被卫灵公夫人南子召见。

郑国子产去世，孔子称赞其为"古之遗爱"。

● ◎五十七岁：公元前495年（鲁定公十五年）

孔子在卫

夏五月，鲁定公卒，哀公立。哀公名将，定公之子。

● ◎五十八岁：公元前496年（鲁哀公元年）

孔子在卫

● ◎五十九岁：公元前493年（鲁哀公二年）

卫灵公问陈（阵）于孔子，孔子婉言拒绝。

孔子去卫西行，经曹至宋。宋司马桓魋扬言加害孔子，孔子微服而行。

● ◎ 六十岁：公元前492年（鲁哀公三年）

孔子自谓"六十而耳顺"。

孔子经郑至陈，在郑被嘲为"累累若丧家之狗"。

● ◎ 六十一岁：公元前491年（鲁哀公四年）

孔子离陈往蔡

● ◎ 六十二岁：公元前490年（鲁哀公五年）

孔子自蔡至叶

叶公问政于孔子。

● ◎ 六十三岁：公元前489年（鲁哀公六年）

孔子与弟子在陈、蔡之间被困绝粮。后至负函。

● ◎ 六十四岁：公元前488年（鲁哀公七年）

孔子在卫

主张在卫国为政先要正名。

●◎六十五岁：公元前487年（鲁哀公八年）

孔子在卫

是年，吴伐鲁，战败。弟子有若参战，有功。

●◎六十六岁：公元前486年（鲁哀公九年）

孔子在卫

●◎六十七岁：公元前485年（鲁哀公十年）

孔子在卫

夫人亓官氏卒。

●◎六十八岁：公元前484年（鲁哀公十一年）

是年，齐师伐鲁，弟子冉有帅师与齐战，获胜。

季康子派人以币迎孔子归鲁。孔子周游列国14年，至此

结束。

季康子欲行"田赋"，孔子反对。

●◎六十九岁：公元前483年（鲁哀公十二年）

———————————————————————

孔子在鲁

●◎七十岁：公元前482年（鲁哀公十三年）

———————————————————————

孔子在鲁

子孔鲤卒。

孔子自谓"七十而从心所欲不逾矩"。

●◎七十一岁：公元前481年（鲁哀公十四年）

———————————————————————

孔子在鲁

是年春，西狩获麟。

弟子颜回卒。

六月，齐陈恒弑齐简公。

孔子见哀公及三桓，请鲁国出兵伐陈桓，无果。

●◎七十二岁：公元前480年（鲁哀公十五年）

———————————————————————

孔子在鲁

卫国政变，弟子子路被害。

●◎七十三岁：公元前479年（鲁哀公十六年）

四月，孔子卒，葬于鲁城之北。弟子及鲁人从墓而家者上百家。

中华书局

初版责编　陈　虎